できる大人の教養

1秒で読む漢字

話題の達人倶楽部[編]

青春出版社

はじめに

とかく、漢字には読み間違いがつきもの。今日もまた、「声高」を「こえだか」、「古文書」を「こぶんじょ」、「一家言」を「いっかごん」などと読んで、恥をかいている人がいるはずです。

漢字の読みが面倒な理由は？――その根本的な原因は、古代の〝国語政策〟にありました。飛鳥時代や奈良時代の人々は、日本独自の文字を作ることなく、漢字で日本語を表すことにしました。そのため、中国式の音読みのほかに、日本オリジナルの訓読みが必要になり、読み方が増えることになったのです。

一方、音読みも、時代が下るにつれて、中国から違う読み方が入ってきたため、読み方が増えることになりました。まず、5～6世紀頃、仏教とともに「呉音」が伝わり、7世紀以降には「漢音」が遣唐使らによってもたらされました。その後、「唐音」も入ってきて、音読みだけでも何通りもの読み方が混在することになったのです。

その一方、日本では、大和言葉を漢字で表すため、「熟字訓」が生まれることになりました。熟字訓は、たとえば「時雨」を「しぐれ」と読むような読み方。「しぐれ」という大和言葉に「時雨」という漢字を当てたため、漢字本来の発音からすると、かけ離れた読み方をすることになったのです。

こうして、読み方・書き方が増えたことは、日本語の表現力を格段に豊かにしました。

ところが、その反面、読み間違いやすい漢字が増えることにもなったのです。

本書では、日本人がそうして作り上げてきた難読漢字、特殊な読み方をする言葉を網羅しました。その数、約２５００。マスターしていただければ、もう漢字を〝誤読〟することはなくなるはずです。

また、本書では、漢字を「読む力」だけでなく、「書く力」を身につけることもできます。本の上部を少し隠していただければ、漢字が隠れて「読み方」が文頭にきます。その読み方を見て、漢字をイメージしたり、実際に書いてみると、書く力をトレーニングできます。

本書で、漢字を正しく読んで書く〝大人の漢字力〟を身につけていただければ、幸いに思います。

２０１８年10月

話題の達人倶楽部

できる大人の教養　１秒で読む漢字◉目次

第7章 日本人なら読みこなしたい「和」の漢字です

第10章 「人」と「人間関係」をめぐる外せない漢字です……257

第15章　サラッと読めれば自慢できるハイレベルの漢字です……391

DTP■フジマックオフィス

第1章　誤読が目立つ初級の漢字を集めました

まずは「初級の漢字」から。小学校で習う漢字で構成された熟語が中心ですが、意外な難物ぞろい。読み間違えてしまいますゾ。あなたは、「生国」を「せいごく」、「年俸」を「ねんぼう」などと、誤読していませんか?

1 小学校の漢字を侮ってはいけない①

●まずは、おもに小学校で習う「教育漢字」（1006字）で構成される熟語から確認しましょう。

□本望
□版図
□入神
□問屋

〔ほんもう〕　本当の望み。もともと抱いていた望み。「ここまでできれば、本望だ」など。

〔はんと〕　領土のこと。「版図を広げる」は領土を広げること。

〔にゅうしん〕　人間業（わざ）とは思えないくらい腕前がすばらしいという意。「入神の出来」「入神の域に達する」など。

〔とんや〕　商品を仕入れ、小売店に卸す商売。「米問屋」「そうは

□重宝

□頑固

□生国

□年季

□汎用

□思惑

問屋がおろさない」など。

〔ちょうほう〕　大切にしていて、便利なもの。「たいへん重宝しております」など。

〔がんこ〕　自分の考えや態度をかたくなに守ること。「頑固な性格」「頑固親父」など。

〔しょうごく〕　生まれ故郷。「手前、生国と発しますところ」は昔の侠客が挨拶に用いた定番のフレーズ。

〔ねんき〕　奉公人を雇う期間。「年季が入る」は、長年同じ仕事を続け、腕をあげること。「年季が明ける」「年季奉公」など。

〔はんよう〕　一つのものをさまざまな用途に使う。「汎用品」「汎用コンピュータ」など。「汎」には、ひろいという意味がある。

〔おもわく〕　狙いを秘めた思い。「思惑どおり」「思惑が当たる」など。動詞の「思ふ」に接尾語の「く」がついた「思はく」に当て

□**投網**

□**十指**

□**労役**

□**素読**

□**古文書**

字したもの。×「しわく」。

〔とあみ〕　水に投げ入れ、魚をとる網。錘（おもり）がついていて円形に広がる。「投網にかける」は、範囲を広くとって調査・捜査などをすること。

〔じっし〕　十本の指。「十指に余る」は数えられないほど多いという意。「十指に満たない」（十未満という意）という言葉もある。×「じゅっし」。

〔ろうえき〕　体を使ってする仕事。課せられた仕事。「労役に服する」など。

〔そどく〕　声を出して文章（漢文）を読むこと。「素」はいろいろな読み方をする漢字で、素面（しらふ）、素人（しろうと）、素朴（そぼく）、味の素（もと）などは正確に読み分けたい。

〔こもんじょ〕　古い文書のこと。おもに江戸時代以前の文書を指す。×「こぶんじょ」。

●簡単な漢字を使っているのに、意外に読めない「熟語」です。

□日向　日の当たるところ。地名では「ひゅうが」と読む。〔ひなた〕
□氷雨　冷たい雨。かつてのヒット曲のタイトルでもある。〔ひさめ〕
□生業　生計のための仕事。「生業にする」など。〔なりわい〕
□童歌　子どもたちの間で歌い継がれてきた歌。〔わらべうた〕
□風花　積雪が風に舞いあげられ、飛ぶこと。〔かざはな〕
□仕業　したこと。行為。「鬼畜の仕業」など。〔しわざ〕
□素描　デッサン。×「すびょう」。〔そびょう〕
□律儀　義理がたく、誠実なこと。「律儀な人」など。〔りちぎ〕
□心許り　ほんの気持ちで。「心許りの品ですが」など。〔こころばかり〕
□挨拶　朝のあいさつなど、儀礼的な言葉や動作のこと。〔あいさつ〕
□接木　植物の枝や幹をほかの植物につぎあわせること。「継木」とも書く。〔つぎき〕
□口の端　口先のこと。「口の端に上る」は「噂になる」という意味。〔くちのは〕

❷ 小学校の漢字を侮ってはいけない②

●自信を持って大きな声で読めますか？

□**声高**

□**場末**

□**面影**

〔こわだか〕　大きな声。「声高に叫ぶ」「声高な反対」など。「声色（こわいろ）」「声音（こわね）」など、二字ともに訓読みする熟語では、「こわ」となることが多い。

〔ばすえ〕　町からはずれた裏さびれたところ。「場末のキャバレー」「場末のスナック」など、酒場の〝枕詞〟によく使われる。

〔おもかげ〕　記憶している顔や姿のこと。「父の面影が残る」など。一字で書くと、「俤」。

□金看板

□苦汁

□下知

□見得

□図体

〔きんかんばん〕　世間に対して堂々と掲げる立場や主張。金文字の看板が、よく目立つことから。「金看板を上げる」など。

〔くじゅう〕　苦みのある汁。「苦汁を飲まされる」は、苦しい目にあわされるという意。

〔げじ〕　上の者が下の者へ指図すること。命令。「大将の下知を受ける」「下知に従う」など。広辞苑では「げじ」を見出し語にし、「げち」とも読むとしている。

〔みえ〕　歌舞伎の演技の一つ。役者が動きを止め、にらむようなポーズをとる。「見得を切る」など。「見栄」と混同しないように。こちらは「見栄を張る」。

〔ずうたい〕　体つきのことだが、大きな体に対して使う。「図体がでかい」など。「小さな図体」では不似合いな形容になる。

●これも、簡単な漢字の組み合わせなのに、意外に読めない「熟語」です。

□**知己**　知り合い、友のこと。「長年の知己」など。〔ちき〕

□**総身**　身体全体。全身。「大男、総身に知恵が回りかね」など。〔そうみ〕

□**今様**　現代風。当世風。〔いまよう〕

□**但書**　前の文章を受け、説明や条件などを書き添えたもの。〔ただしがき〕

□**店賃**　家賃。×「みせちん」。〔たなちん〕

□**歩合**　売上や出来高に応じた比率、手数料。「歩合給」など。〔ぶあい〕

□**百出**　数多くあらわれること。「議論百出」など。〔ひゃくしゅつ〕

□**親身**　温かい心づかいをする。「親身に忠告する」のように使う。〔しんみ〕

□**甲板**　船舶上部の平らな部分。船舶用語では「こうはん」と読む。〔かんぱん〕

□**界隈**　そのあたり。「先斗(ぽんと)町界隈をそぞろ歩く」など。〔かいわい〕

□**巨匠**　その道にすぐれた人。「巨匠クロサワ」など。〔きょしょう〕

□**出初式**　新年に行われる消防関係の行事。〔でぞめしき〕

□**読点**　文中に入れる「、」のこと。「。」は句点。〔**とうてん**〕

□**茶店**　道ばたで茶や団子などを出す店。〔**ちゃみせ**〕

□**粗方**　大半。ほとんどすべて。「御馳走を粗方平らげる」など。〔**あらかた**〕

□**一段落**　一区切りがつき、片づくこと。×「ひとだんらく」。〔**いちだんらく**〕

□**店屋物**　店で売る品、いわゆる出前の意で使うことが多い。〔**てんやもの**〕

□**勿論**　言うまでもなく。「論（あげつら）う勿（なか）れ」という意。〔**もちろん**〕

□**得手**　得意なこと。「得手に帆を揚げて」など。反対語は「苦手」。〔**えて**〕

□**分娩**　出産すること。「分娩室」など。〔**ぶんべん**〕

□**稼業**　生活するための仕事。〔**かぎょう**〕

□**水稲**　田んぼで栽培する稲。一方、「陸稲（おかぼ）」は、畑で栽培する稲。〔**すいとう**〕

□**在郷**　都会から離れたところに住むこと。「在郷軍人会」など。〔**ざいごう**〕

□**無下**　劣っていること。どうしようもないこと。「無下に扱う」など。〔**むげ**〕

□**工面**　工夫して、必要なものを手に入れること。「代金を工面する」など。〔**くめん**〕

3 ふだんよく使われている初級の熟語

●よく使われる初級の熟語です。読んでください。

□仲裁

〔ちゅうさい〕　争っている者の間に入り、仲直りさせる。「仲裁人」「仲裁を買って出る」など。

□是非

〔ぜひ〕　よいことと悪いこと。「是非に及ばず」は織田信長がよく使い、最期にも発したとされる言葉。「是非を問う」「是非を論ずる」など。

□不肖

〔ふしょう〕　父や師に似ていなくて愚か、という意。「不肖の息子」「不肖の弟子」「不肖ながら」など。「肖る」で「あやかる」とも「にる」とも読む。

□貼付

□残滓

□梃子

□酷似

□凹凸

□一献

□隠匿

〔ちょうふ〕　貼り付ける。「店」に似た旁（つくり）につられた「てんぷ」という誤読が定着しかけている。「貼る」は「はる」、「貼く」は「つく」と読む。

〔ざんし〕　残りかす。「旧時代の残滓」など。

〔てこ〕　重いものを動かすために使う棒。「梃子でも動かない」は、どうやっても動かないこと。

〔こくじ〕　ひじょうによく似ていること。

〔おうとつ〕　くぼんでいたり、出っ張っていて、平らではないさま。「凸凹」と書くと「でこぼこ」と読む。

〔いっこん〕　一杯の酒。「一献差し上げる」は、相手の杯に酒をつぐこと。「まずは、ご一献」など。

〔いんとく〕　人目に触れないよう隠すこと。「利益を隠匿する」「隠匿物資」など。「隠す」も「匿す」も「かくす」と読む。

□遣水
□卑下
□便宜
□消耗
□叱咤
□和睦

〔やりみず〕　庭の植え込みや植木鉢などに遣る水。あるいは、庭に水を引き入れて作った流れ。
〔ひげ〕　自分を劣ったものととらえて、へりくだること。「卑下が過ぎる」など。
〔べんぎ〕　都合のよいこと。特別のはからい。「便宜的」「便宜を図る」など。
〔しょうもう〕　体力や気力を使いきること。使ってなくすこと。本来は「しょうこう」と読むが、いまは慣用読みの「しょうもう」で定着している。
〔しった〕　大声を出して叱りつける。叱りつけるようにして励ます。「部下を叱咤激励する」など。
〔わぼく〕　和らいで睦まじくすること。「敵国と和睦する」「和睦を結ぶ」など。「睦ぶ」で「むつぶ」と読む。

□端坐

□下賜

□友誼

□難詰

□廉価

□珊瑚

□対峙

〔たんざ〕　姿勢を正して座ること。「端」には、きちんとしているという意味がある→「端正な顔だち」。

〔かし〕　身分の高い人から「下し賜る」という意。「天皇陛下より下賜された品」など。

〔ゆうぎ〕　友達のよしみ。「格別のご友誼」など。「誼」一字で「よしみ」と読む→「誼を通じる」。

〔なんきつ〕　問い詰め、非難すること。「ミスを難詰する」など。「詰る」で「なじる」と読む。

〔れんか〕　安値。「廉価販売」「廉価版」など。×「けんか」。反対語は「高価」。

〔さんご〕　サンゴ虫がつくる石灰質の物質。「宝石珊瑚」「金銀珊瑚」「珊瑚礁」など。

〔たいじ〕　向き合って立つこと。「敵と対峙する」など。「峙つ」で

□憮然

□凱旋

□一家言

□口伝

□一矢

□相伴にあずかる

「そばだつ」と読む。

〔ぶぜん〕　本来は、無表情のこと。近年、不満な表情という意味で使う人が増えている。「憮然とした表情の力士」など。

〔がいせん〕　戦いに勝ち、帰ること。「凱旋門」「凱旋将軍」など。「凱」には戦勝の音楽、「旋」には帰るという意味がある。

〔いっかげん〕　独自の見識や見解。「一家言もつ」は独自の見識などをもっていること。×「いっかごん」。

〔くでん〕　奥義を口で教え、伝えること。「口伝の秘儀」など。「口伝て」と送り仮名をつけると、「くちづて」と読む。

〔いっし〕　一本の矢。「一矢を報いる」は、相手の攻撃に対し、わずかながらでも反撃すること。×「いちや」。

〔しょうばん〕　もてなしをうけること。接待された席では「ご相伴にあずかりまして」と挨拶するもの。

●「初級の上」といったあたりの熟語です。読んでください。

□骨董　古美術品や古道具。〔こっとう〕

□俄然　突然。だしぬけに。「俄」は「にわか」と訓読みする。〔がぜん〕

□時宜　ちょうどいいとき。「時宜もよろしく」など。〔じぎ〕

□畦道　水田と水田の間につくる細い道。〔あぜみち〕

□歯垢　歯にたまる食べカス。なお「手垢」は訓読みにして「てあか」。〔しこう〕

□褒美　誉めて与える金品。「褒美にあずかる」など。〔ほうび〕

□賜物　まわりから受ける恩恵。「ご指導の賜物」など。〔たまもの〕

□小咄　落語家などが話す短く滑稽な話。〔こばなし〕

□養蚕　蚕（かいこ）を育て、生糸の原料になる繭（まゆ）をとること。〔ようさん〕

□冶金　金属を精錬したり、合金をつくること。〔やきん〕

□終日　一日中。「ひもすがら」「しゅうじつ」とも読む。〔ひねもす〕

□帳尻　収支決算の結果。「帳尻が合う」は、つじつまが合うこと。〔ちょうじり〕

4 新聞、雑誌でよく見かける漢字①

●新聞・雑誌によく出てくる熟語です。読んでください。

□端緒

□便乗

□進捗

□温床

〔たんしょ〕　物事のきっかけ。「たんちょ」は慣用読み。「端緒をつかむ」は、事件解明などのきっかけをつかむこと。

〔びんじょう〕　他人の乗り物に相乗りする。また「便乗値上げ」など、機会を抜け目なく利用すること。

〔しんちょく〕　物事が進み、はかどること。「進捗状況を上司に報告する」など。「捗る」で「はかどる」と読む。

〔おんしょう〕　ある風潮や傾向が生まれやすい環境。おもに悪

□軋轢
□粗利益
□破綻
□領袖
□収束
□山積
□農作物

いことに対して使う。「悪の温床」「非行の温床」など。

〔あつれき〕　摩擦が生じ、関係が悪くなる。「軋轢が生じる」など。

〔あらりえき〕　売上げから原価を差し引いた儲け。

〔はたん〕　つぶれること。「金融機関が破綻する」など。「綻ぶ」で「ほころぶ」と読む。

〔りょうしゅう〕　組織のトップにたつ人。「領（えり）」も「袖（そで）」も目立つことからきた言葉。「派閥の領袖」など。

〔しゅうそく〕　混乱していたものが、まとまること。「事態が収束に向う」など。「終息」（物事が終わること）と混同しないように。

〔さんせき〕　山のようにたまること。なお「山積み」は「やまづみ」と読む。「仕事が山積している」など。

〔のうさくぶつ〕　田畑でとれる穀物や野菜・果物。「のうさくもつ」と読んでも間違いではない。

□画一的

□寡占

□糾明

□掌握

□賄賂

□刃傷沙汰

〔かくいつてき〕　型にはまり、同じようであるという意。「画一的な発想」「画一的な都市計画」など。

〔かせん〕　少数の大企業が市場を支配している状態。「市場が寡占化する」など。「寡い」で「すくない」と読む。

〔きゅうめい〕　不正などを問いただし、真相を明らかにすること。なお、「究明」も真実などを明らかにすることだが、問いただすというニュアンスは含まない。

〔しょうあく〕　自分の思いどおりに支配すること。「手のひらの中に握る」という意味。「権力を掌握する」「実権を掌握する」など。

〔わいろ〕　役人に送る不正な金品。「賄う」「賂う」ともに、「まいなう＝賄賂をとるという意」という訓読みがある。なお「賄う」は普通は「まかなう」と読む。

〔にんじょうざた〕　刃物で人を傷つけること。「刃傷沙汰になる」など。「刃」の訓読みは「やいば」。「刀」と見間違えないように。

□過渡期
□癒着
□美人局
□場数
□旗色
□目深にかぶる

〔かとき〕　変化の途中。新しいものに移り変わる時期。「大人への過渡期」「過渡期にさしかかる」など。
〔ゆちゃく〕　本来は離れている者同士がくっつくさま。「政官財の癒着」「患部が癒着する」など。
〔つつもたせ〕　男が関係をもった女に他の男を誘惑させ、そのことをめぐって、ゆすりを働くこと。
〔ばかず〕　多くの経験。「場数を踏む」で、経験を積み、物事に馴れること。
〔はたいろ〕　形勢のこと。「旗色が悪い」は敗色が濃いさま。昔は、敵味方の旗の動きをみて、戦況を判断したことから。
〔まぶか〕　目が隠れるくらい深くかぶるさま。「目蓋（まぶた）」、「目（ま）のあたり」など、「目」を「ま」と読む例は案外多い。

5 新聞、雑誌でよく見かける漢字②

●続けて、メディアを通して今日も目にしているはずの漢字です。

□騒擾

〔そうじょう〕　大騒ぎになること。「騒擾事件」など。「擾れる」で「みだれる」と読む。

□寡聞

〔かぶん〕　聞いていることや経験が少ないこと。「寡聞にして存じません」というのが決まり文句。

□漏洩

〔ろうえい〕　秘密が漏れること。本来は「ろうせつ」と読むが、慣用読みの「ろうえい」で定着している。

□猥褻

〔わいせつ〕　性的にみだらなこと。「猥」にはみだら、「褻」にはけ

□反故

□不文律

□補塡

□減反

□未曾有

□要衝

がらわしいという意味がある。

〔ほご〕　本来は書き損じた紙のことで、そこから役に立たなくなったものの意に。「反故にする」というと、なかったことにするという意味→「約束を反故にする」。

〔ふぶんりつ〕　暗黙の了解になっていること。「業界の不文律」「不文律化している」など。

〔ほてん〕　不足した分を補うこと。「赤字を補塡する」など。

〔げんたん〕　田の作付面積を減らすこと。「減反政策」など。「反物」も「反」を「たん」と読む。

〔みぞう〕　これまではなかったという意。未だ曾て有らず、の意。「未曾有の出来事」「未曾有の不景気」など。

〔ようしょう〕　要となる重要なところ。「作戦上の要衝」「勝敗の鍵となる要衝」など。

□大銀杏

□雪辱

□台頭

□檜舞台

□天王山

〔おおいちょう〕　十両以上の力士が結う大きめの髷（まげ）。その先の形が銀杏の葉に似ている。

〔せつじょく〕　汚名をはらすこと。「辱」は恥のこと。「雪ぐ」で「すすぐ」と読む。

〔たいとう〕　勢いを増してくること。「近年台頭してきた勢力」、などとつかう。昔は「擡頭（「擡」はもたげるという意）」と書き、戦後、「擡」が当用漢字からもれたため、意味は違う漢字ではあるが、「台頭」と書くようになった。

〔ひのきぶたい〕　晴れの場所。能や歌舞伎では檜張りの舞台を正統とするところから。「檜舞台にのぼる」など。

〔てんのうざん〕　勝負の分かれ目。豊臣秀吉と明智光秀が戦った山崎の戦いで、天王山をどちらが押さえるかが勝負の分かれ目になったとされることから。

□美酒

□采配

□年俸

□伯仲

□挫折

□喝采

□屈指

〔びしゅ〕　うまい酒のこと。「美酒に酔う」は、勝利した後などに、格別にうまい酒に酔うさま。

〔さいはい〕　大将が軍を指揮するための道具。「采配を振る」といえば、指揮するという意。

〔ねんぽう〕　一年ごとに決める給与。「ねんぼう」ではなく、「俸」を「ぽう」と読むのが正しい。

〔はくちゅう〕　甲乙つけられないこと。「実力伯仲」など。「伯仲」は、もとは兄と弟のこと。

〔ざせつ〕　途中でうまくいかなくなること。挫(くじ)けて折れることから。「挫折を味わう」など。

〔かっさい〕　盛んにほめそやすこと。ちあきなおみのレコード大賞受賞曲のタイトルでもある。

〔くっし〕　指を折って数え上げられるくらいすぐれていること。

□**葛藤**

□**怒号**

□**制覇**

□**修羅場**

□**嗚咽**

□**形骸化**

「日本屈指の名将」など。「指折り」も同じ意味。

〔かっとう〕　心中に相反するものがあって迷う状態。植物の「葛（かずら）」も「藤」も、蔓（つる）が長く、もつれ合うことから。

〔どごう〕　怒って叫ぶこと。「号ぶ」で「さけぶ」と読む。「怒号が飛び交う」など。

〔せいは〕　競争相手に勝ち抜くこと。「全国制覇」など。なお「覇」には「はたがしら」という訓読みがある。

〔しゅらば〕　激しい戦いの場。仏教用語では「しゅらじょう」と読み、帝釈天と阿修羅が戦う場。

〔おえつ〕　声をつまらせるように咽（むせ）び泣くこと。「思わず嗚咽する」など。

〔けいがいか〕　形だけ残って中身がなくなること。「形骸化した制度」など。「骸」の訓読みは「むくろ」。

第2章 その漢字、そのまま読むと間違えます

日本語には、「特殊な読み方」をする言葉が多数含まれています。以下は、そうした言葉の代表例。会話や文章に頻出するのに、知っていなければ読めない漢字です。漢字の落とし穴にはまらずに、読みこなせますか？

1 「基本のキ」にこそ落とし穴がある

●まずはウォーミングアップから。すべて読めますか？

□市井
□元来
□目頭
□重用
□釣果

〔しせい〕 人が多く住んでいるところ。「市井の人々」など。
〔がんらい〕 もともと。うっかり「げんらい」と読まないように。
〔めがしら〕 鼻に近い方の目の端。目元。「目頭が熱くなる」は感動で涙が出そうになること。
〔ちょうよう〕 特定の者を重んじて使うこと。「側近を重用する」など。「じゅうよう」と読むのは×。
〔ちょうか〕 釣った獲物、釣りの成果のこと。「釣」には「水の中

□許嫁
□愛娘
□吹雪
□手向け
□宮司
□装束
□沢山
□巣窟
□投網

から魚を抜き出す」という意味がある。
〔いいなずけ〕　幼少のころから親が決めた婚約者のこと。
〔まなむすめ〕　かわいがっているむすめのこと。
〔ふぶき〕　強風で、雪が乱れとびながら降ること。「吹雪の中を進む」など。
〔たむけ〕　あの世に旅立つ人へおくること。「手向けのことば」など。
〔ぐうじ〕　神社で祭祀を司る人。神主。
〔しょうぞく〕　特別な場に合わせた一揃えの衣服。「旅装束」など。
〔たくさん〕　数が多いこと。「さわやま」ではない。
〔そうくつ〕　悪事をたくらむ者が集まるところ。「悪の巣窟」など。
〔とあみ〕　水に投げ入れて魚をとる網。「投網漁」など。

□料簡

□雑巾

□干支

□世迷言

□克己心

〔りょうけん〕 考えや気持ちのこと。「料簡がせまい」など。「りょうかん」ではない。

〔ぞうきん〕 汚れを拭き取るための布。「雑巾がけ」は雑巾で拭き掃除をすることで、比喩的に下働きの意味。

〔えと〕 子、丑、寅、卯、辰、巳、午、未、申、酉、戌、亥の十二支。「十干十二支」など。

〔よまいごと〕 わけのわからない不平や愚痴。「よまよいごと」と読んではいけない。

〔こっきしん〕 欲望や邪念をおさえる心。「かっきしん」ではない。

❷ 特殊な読み方をする漢字　基本編①——日本語の〝最大級〟の落とし穴

●見かけは簡単なのに、特殊な読み方をする漢字です。

□遊説

〔ゆうぜい〕　政治家などが、自分の意見を説いてまわること。「首相が全国遊説に出る」など。×「ゆうぜつ」。

□為替

〔かわせ〕　証書を使って金銭を送付すること。「郵便為替」「為替相場」など。

□参内

〔さんだい〕　皇居に参上すること。よく見かける言葉では、「参内」「境内」「内裏」の三つは「だい」と読み、残りはほぼすべて「ない」と読む。×「さんない」。

□発端

□健気

□相殺

□方舟

□会得

〔ほったん〕　物事のはじまり。「事の発端」など。現代の文章で見かける語では「発端」「発足」「発心」「発句」の四語は「ほっ」と読み、残りのほぼすべての言葉は「はつ」「はっ」と読む。

〔けなげ〕　力や立場の弱い者が懸命にふるまうさま。「健気な子供」「健気な心がけ」など。

〔そうさい〕　損と得を足し引きすること。「借金と貸金を相殺する」など。頻出語で「殺」を特殊読みするのは、これと「減殺（げんさい）」と「殺生（せっしょう）」くらいで、残りはほぼすべて「サツ」と読む。

〔はこぶね〕　四角い形をした舟。「ノアの方舟」を「箱舟」と書くのは間違いになる。

〔えとく〕　理解して身につけること。「極意を会得する」など。「え」と読むのは呉音で、「法会（ほうえ）」「会者定離（えしゃじょうり）」など、仏教に関係する言葉に多い読み方。

□月極

□火傷

□玄人

□稲荷

□海女

〔つきぎめ〕　ひと月ごとの額を決めた契約。×「げっきょく」。

〔やけど〕　皮膚が火や熱湯にふれ、焼けただれた傷。「やけど」は「焼けた処（ところ）」という意で、それに火傷という漢字を当てた。

〔くろうと〕　プロ。専門家。「玄人はだし」は、玄人がはだしで逃げ出すほど巧いと、素人をほめる慣用句。「玄」は赤みを帯びた黒を意味するが、頻出語で「クロ」と読むのは、この一語。残りはすべて「ゲン」と読む。

〔いなり〕　稲荷神社のこと。なお、油揚げで包んだ寿司を「稲荷寿司」と呼ぶのは、稲荷神社の眷属（けんぞく）であるキツネが油揚げを好むとされるところから。

〔あま〕　海にもぐって貝や魚をとる女。「海人（あま）」と書くと、男性も含む。「海人」は沖縄では「ウミンチュ」と読む。

●引き続き、見かけは簡単なのに、読みこなすのは厄介な漢字です。

□**生粋** 出身や素性が純粋であること。「生粋の江戸っ子」など。〔きっすい〕

□**支度** 用意、準備。「旅支度」「夕餉（ゆうげ）の支度」など。〔したく〕

□**解毒** 毒を消すこと。無毒にすること。「解毒作用」など。〔げどく〕

□**建立** 寺院などを建てること。「神社を建立する」など。〔こんりゅう〕

□**感応** 心が動くこと。「反応」も「応」を「のう」と読む。〔かんのう〕

□**芝生** 芝の生えている場所。「隣の芝生」など。〔しばふ〕

□**産湯** 赤ん坊を初めて入浴させること。「産湯を使う」など。〔うぶゆ〕

□**分限者** 相当の資産を持つ人。〔ぶげんしゃ〕

□**直火** 火に直接当てること。「直火焼き」など。〔じかび〕

□**今昔** 今と昔。「今昔物語」「今昔の感に堪えない」など。〔こんじゃく〕

□**八百万** 非常に多いこと。「八百万の神々」など。〔やおよろず〕

□**不貞寝** ふてくされて寝ること。「不貞」は当て字。〔ふてね〕

3 特殊な読み方をする漢字　基本編② ―― 意外に読み間違える落とし穴

●そのまま読むと誤読になる漢字です。

□居候
□奥義
□神々しい

〔いそうろう〕　人の家に住みつき、衣食住の世話をしてもらっている者。「居候、四角い部屋を丸くはき」など。

〔おうぎ〕　学問や武芸などの最も大切な事柄。「奥義を極める」「奥義を伝授される」など。×「おくぎ」。

〔こうごうしい〕　たいへん厳か（おごそ）なさま。「神々しい光のなか」など。「かみがみし」という古語に由来するが、いま「かみがみしい」と読むのはNG。

□塩梅
□全幅
□雑炊
□土産
□小豆
□灰汁

〔あんばい〕　味かげんのこと。もとは塩と梅酢で味を調（ととの）えることと。一方、「按排」はほどよく処理すること。意味に似ているところがあるものの、文脈に応じて適切に使い分けたい。
〔ぜんぷく〕　ありったけの。「全幅の信頼を寄せる」など。
〔ぞうすい〕　鍋に残った汁に、ご飯や野菜類を入れて煮たもの。もとは「増水」と書いた。
〔みやげ〕　旅先で買う贈り物。「みやげ」という古来の日本の言葉に、「土地の産物」という漢字を当てたもの。
〔あずき〕　餡（あん）などの材料になる豆。「あずき」という豆の名前に、形態から「小豆」という漢字を当てたもの。なお『二十四の瞳』の舞台として有名な香川県の「小豆島」は「しょうどしま」と読む。
〔あく〕　料理では、肉や野菜のえぐみ。染物では、灰を水に溶かしたときの上澄み液。「灰汁が強い」は、ネガティブな性格の表現。「悪が強い」と書かないように。

□師走

□四方山話

□好悪

□詩歌

□小路

□納戸

〔しわす〕　十二月の別称。俗に、師（先生）が走り回るほど、忙しい月ということに由来するといわれる。

〔よもやまばなし〕　いろいろな話。世間話。雑談。「四方山話に花が咲く」など。

〔こうお〕　好むことと憎むこと。好き嫌い。「好悪が分かれる」といえば、好きな人も多いが、嫌いな人も多いという意。「お」と読む代表例は、他に「嫌悪（けんお）」「悪心（おしん）」（「あくしん」とも読む）。

〔しいか〕　俳句や短歌、詩の総称。「しか」とも読むが、「しいか」が一般的。

〔こうじ〕　町の中の狭い通りのこと。「小路（こみち）」が音変化した語で、京都の「花見小路」など、通りの名に残る言葉。反対語は「大路（おおじ）」。

〔なんど〕　物を収納するための部屋。「納」を「ノウ」ではなく、特殊読みするのは、他に「納豆（なっとう）」、「納所（なっしょ）」（寺の雑務を行う場所）、「大納言（だいなごん）」など。

□所作

□一途

□行方

□息吹

□短冊

□十進法

〔しょさ〕　振る舞い。「美しい所作」など。「動作」「作動」「作務衣」など、「作」を「さ」と読む語は少なくない。

〔いちず〕　一つのことに、ひたむきに打ち込むこと。「一途に思いを寄せる」「仕事一途」など。

〔ゆくえ〕　物事が向かう方向。今後の成り行き。「行方が知れない」「行方をくらませる」「日本外交の行方」など。

〔いぶき〕　呼吸すること。比喩的にもよく使われ、「時代の息吹を感じさせる作品」「春の息吹」など。

〔たんざく〕　和歌や俳句などを書くための細長い紙。字を書くために細長く切った薄い木や紙の小片。

〔じっしんほう〕　十を基数とした数のあらわしかた。「じゅっしんほう」は×。

●漢字そのものは簡単ですが、読み方も簡単とは限りません。

□**風体**　身なりのこと。「見慣れぬ風体」など。〔ふうてい〕

□**異形**　ふつうとは違った姿形。「異形の者」など。〔いぎょう〕

□**緑青**　銅の表面にでる青緑色の錆。〔ろくしょう〕

□**火影**　暗闇に浮かぶ火の光。「火影が揺れる」など。〔ほかげ〕

□**直向き**　ものごとに熱中するさま。「直向きに取り組む」など。〔ひたむき〕

□**言伝**　伝言のこと。「言伝を頼まれる」など。〔ことづて〕

□**礼賛**　ほめたたえること。「神を礼賛する」。×「れいさん」。〔らいさん〕

□**久遠**　ひじょうに遠いさま。「久遠の理想」など。〔くおん〕

□**猛者**　勇ましくて強い人のこと。「柔道の猛者」など。〔もさ〕

□**田舎**　都会からはなれた土地。郷里を指すことも。〔いなか〕

□**風情**　しみじみとした趣。「風情がある」など。〔ふぜい〕

□**温気**　蒸し暑い空気。「温気が立ち上(のぼ)る」。〔うんき〕

□**必定**　そうなると決まっていること。「敗戦は必定だ」など。〔ひつじょう〕

□長閑　のんびりとしている様子。「長閑な田園風景」など。〔のどか〕

□成就　成しとげること。「大願を成就する」など。〔じょうじゅ〕

□流罪　罪人を離島や辺境に流す刑罰。「遠島に流罪に処す」など。〔るざい〕

□今際　死ぬ間際。「今際のきわ」など。〔いまわ〕

□怖気　怖がる心のこと。「怖気づく」「怖気をふるう」など。〔おじけ〕

□山車　祭事用の車。京都の祇園祭で有名。〔だし〕

□明星　金星の別名。〔みょうじょう〕

□極彩色　派手な色彩。「ごくさいしょく」は誤読。〔ごくさいしき〕

□血眼　血走らせている目。「血眼になって探す」など。〔ちまなこ〕

□貸借　貸し借りのこと。賃借(ちんしゃく)と見間違えやすいので注意。「貸借対照表」など。〔たいしゃく〕

□更迭　組織内での降格のこと。「こうそう」ではない。〔こうてつ〕

□完遂　最後まで成し遂げること。「かんつい」ではない。〔かんすい〕

□言質　後で証拠となる言葉。「げんしち」ではない。〔げんち〕

□花押　武将などが使った日本風のサインのこと。〔かおう〕

4 特殊な読み方をする漢字　中級編①——自信を持って読めますか？

●正しく覚えていなければ、読めない漢字ばかりです。

□外連

□延縄

□卓袱

〔けれん〕　はったり、ごまかし。もとは演劇の演出用語。「外連味がない」は、ごまかしや見せかけの派手さなどがないこと。

〔はえなわ〕　太い縄に釣り針のついた複数の糸をつけ、一度に多くの魚をとる漁具。「延縄漁業」など。

〔しっぽく〕　長崎名物の卓袱料理。卓袱はもとは円卓のことで、円卓を囲み、大皿に盛って食べる中国料理が、長崎で日本風に変化した料理。

□定法

□富貴

□雲丹

□心太

□追従

〔じょうほう〕　そうするものと決まっている方法やしきたり。「天下の定法」など。「じょう」と読むのは呉音で、定石、定跡、定宿、定規、評定など、多数あり。「てい」（漢音）との読み分けに要注意の漢字。

〔ふうき〕　財産があり、地位や身分が高いこと。「富貴に恵まれる」「富貴な家に生まれる」など。

〔うに〕　トゲのある海の生き物。身が「雲」のような形をしていて「丹色（にいろ）」（赤）であることから、こう書く。「雲丹の軍艦巻き」など。

〔ところてん〕　テングサからつくる食べ物。テングサの異称「心（こころ）太（ぶと）」が変化を重ねて、このように読むことに。

〔ついしょう〕　人に気にいられるよう、媚びへつらうこと。「追従笑い」「お追従を言う」など。なお「ついじゅう」と読むと、無批判に従うという意味。こちらは「権力に追従する」など。

□好事家
□云々する
□生蕎麦
□外道
□十八番
□欠伸

〔**こうずか**〕　風流を好む人。物好きな人。深い知識をもつが、あくまで趣味として楽しむ人。×「こうじか」。
〔**うんぬん**〕　一言では言い切れないことや、文章を省略するときに使う。「結果を云々する」など。
〔**きそば**〕　そば粉だけで作ったそば。いまは、つなぎ入りのそばでも「生そば」の看板を掲げている店が多い。×「なまそば」。
〔**げどう**〕　道に外れた者を罵る言葉。本来は、仏教以外の教えを信じる者のこと。ほかに外科、外記（げき）が「ゲ」と読む代表例。
〔**おはこ**〕　得意なこと。歌舞伎の市川家が得意とする芝居が十八あり、その台本を「御箱」にしまっていたことから。「じゅうはちばん」と読んでも同じ意味。
〔**あくび**〕　眠いときなどに大きく吐き出す息。「欠伸が出る」は眠くなるほど、退屈なさま。「欠伸が出るような退屈な話」など。

□生一本
□意気地
□日和
□御用達
□気障
□下衆

〔きいっぽん〕　まじりけがなく、純粋なこと。「灘の生一本」「生一本な性分」など。

〔いくじ〕　物事をやりとげる気力。「意気地がない」は、そういう気持ちがないこと。「いきじ」とも読む。

〔ひより〕　天候のこと。「いい日和ですね」など。「日和見主義」は、都合のいい方、形勢のいい方につこうとする態度。

〔ごようたし〕　宮中に納めることを認められた商人や品。「宮内庁御用達の品」など。本来は「ごようたし」と読むが、いまは多くの辞書が「ごようたつ」とも読むとしている。

〔きざ〕　嫌味があるという意味。「気障な態度」など。神経にさわるという意味の「気障り」を略した語。

〔げす〕　身分の低い者。今は人を侮辱する言葉として使われている。「この下衆野郎」など。「下司」「下種」とも書く。

●一見読めそう、だからこそ手強いといえます。

□**白湯**　何も入れないお湯。〔さゆ〕

□**学舎**　学校のこと。「懐かしい学舎」。「がくしゃ」とも読む。〔まなびや〕

□**乙女**　年若い娘。「乙女の祈り」など。〔おとめ〕

□**細石**　細かく小さな石のこと。「君が代」にも登場する。〔さざれいし〕

□**似非**　似てはいるけれど、本物ではないこと。「似而非」とも書く。〔えせ〕

□**素面**　酒を飲んでいない状態。「素面では言えない話」など。〔しらふ〕

□**反吐**　食べたものをもどすこと。「反吐が出る」など。〔へど〕

□**野点**　野外で茶をたてること。×「のてん」。〔のだて〕

□**直筆**　本人が直接書いたもの。「文豪の直筆原稿」など。〔じきひつ〕

□**落度**　あやまちや失敗。「越度」とも書く。〔おちど〕

□**知音**　友人、知り合いのこと。〔ちいん〕

□**吹聴**　広く言いふらすこと。「世間に吹聴する」など。〔ふいちょう〕

5 特殊な読み方をする漢字　中級編②――他人に聞かれても大丈夫ですか？

●特殊な読み方をする漢字の中級編です。読んでください。

□黙示録
〔もくしろく〕　『新約聖書』の巻末の一書。「ヨハネの黙示録」など。「示」を「じ」と濁って読まないことに注意。

□杜撰
〔ずさん〕　いい加減なこと。漢詩の選者だった杜黙（ともく）が、適当に撰（えら）んだという故事から。

□乳離れ
〔ちばなれ〕　親を離れて一人前になること。「ようやく乳離れする」など。「乳飲み子」「乳兄弟」の「乳」も「ち」と読む。

□雑駁
〔ざっぱく〕　雑然として、統一感がないこと。「雑駁な感想」「雑駁

□坩堝

□大和撫子

□剣突

□贔屓

□悪戯

□洒落臭い

な知識」など。

〔るつぼ〕　金属を高温で溶かす容器。比喩的に興奮した様子や入りまじった状態のこと。「民族の坩堝」「興奮の坩堝」などと使う。

〔やまとなでしこ〕　日本的な女性をほめる言葉。楚々と咲くナデシコにたとえた語。女子サッカーの「なでしこジャパン」も、この語から。

〔けんつく〕　とげとげしく邪険にすること。「剣突を食らわせる」は、荒々しく拒否すること。

〔ひいき〕　気に入った人をとりわけ応援すること。「贔屓にする」「贔屓の店」「依怙贔屓」「ご贔屓」など。

〔いたずら〕　悪ふざけのこと。「子供の悪戯に手を焼く」「天使の悪戯」「悪戯が過ぎる」など。

〔しゃらくさい〕　きいたふうで生意気という意。

□億劫

□虚空

□福音

□安穏

〔おっくう〕　面倒で気がすすまないさま。もとは仏教用語で永遠という意味。

〔こくう〕　何もない空中。「虚空を摑む」は、苦しんで空中を握りしめるさま。「コ」と読むのは呉音で、頻出語で「コ」と読むのは、「虚空」「虚無僧」「虚空蔵菩薩」の三つくらい。残りは「キョ」と読む。

〔ふくいん〕　よい知らせ。キリスト教の教えで使われる言葉。なお、「エヴァンゲリオン」は「福音」という意味。

〔あんのん〕　ゆったりして、おだやかなさま。×あんおん。熟語では、前の漢字の読みが「ん」(N)で終わり、次の漢字の読みが「お」(O)で始まるとき、読み方がナ行の「ノ」に変化することが多い→「感応」、「反応」など。

●引き続き、特殊な読み方をする漢字です。読んでください。

□**自惚れ**　自分に過ぎた自信を持つこと。「自惚れが強い」など。〔うぬぼれ〕

□**柔和**　やさしく、おとなしい。「柔和な表情」など。〔にゅうわ〕

□**濁声**　濁った声。割れた声。「濁声の呼び込み」など。〔だみごえ〕

□**華奢**　ほっそりとして、美しいさま。「華奢な体つき」など。〔きゃしゃ〕

□**好々爺**　やさしくて人のよい老人。〔こうこうや〕

□**悪阻**　妊婦がもよおす吐き気などの症状。〔つわり〕

□**誰何**　名を問いただすこと。「警官に誰何される」など。〔すいか〕

□**出穂**　稲から穂が出ること。〔しゅっすい〕

□**柔弱**　体や精神が弱々しいこと。「柔弱な体」など。〔にゅうじゃく〕

□**所謂**　世間でよくいわれるように。「所謂、天才」など。〔いわゆる〕

□**渾名**　ニックネーム。本名とは別につけられた名。〔あだな〕

□**黙然**　口をつぐんでいる様子。「黙然としている」など。〔もくねん〕

6 漢字の読み方には「パターン」がある①

●漢字には、一字の場合は「ハヒフヘホ」で読むのに、熟語になると、パピプペポやバビブベボと読む言葉がたくさん含まれています。以下はパピプペポで読まなければ間違いになる漢字です。

□逼迫

〔ひっぱく〕　余裕がなく、差し迫っている状態。「家計が逼迫する」など。「迫る」も「逼る」も「せまる」と読む。前の漢字が「ツ」で終わり、次の漢字が「ハ」で始まるとき、「パ」音になることが多い→「圧迫」「潔白」など。

□信憑性

〔しんぴょうせい〕　信用できる程度。「憑む」は「たのむ」と読み、頼りになるという意味。

□素寒貧
□天賦
□村夫子
□噴飯物
□金平
□権柄尽く
□眼福

〔すかんぴん〕　貧乏なこと。「素寒貧になる」など。こう書くのは当て字。
〔てんぷ〕　生まれつき、天から授かったもの。「天賦の才能」など。
〔そんぷうし〕　「夫子」は師匠のことで、「村夫子」は本来は村の先生という意。ただし、いまでは田舎っぽさや、見識の狭さを皮肉る語としても使われる。
〔ふんぱんもの〕　米粒を噴き出すほど、ばかばかしいという意。「噴飯物の言い訳」など。
〔きんぴら〕　キンピラゴボウのこと。怪力で有名な物語の主人公、坂田金平（きんぴら）の名から。
〔けんぺいずく〕　権力をかさに着る様子。「権柄尽くな態度」など。
〔がんぷく〕　眼の幸福、つまり目の保養という意。「眼福にあず

□喝破

□太っ腹

□気風

□腕白

かる」など。

〔かっぱ〕　人の誤りを正し、真実を告げること。「本質を喝破する」など。「喝る」は「しかる」と読む。これも、「ツ」＋「ハ」で「パ」と読むパターンのひとつ。

〔ふとっぱら〕　度量が大きいこと。「太っ腹な話」など。

〔きっぷ〕　気前がいいこと。「気風がいい女将（おかみ）」など。

〔わんぱく〕　悪さをする子ども。当て字なので、腕が白いという意味はない。

7 漢字の読み方には「パターン」がある②

●そのまま読んではいけない漢字はまだまだあります。

□音頭

□端境期

□強引

〔おんど〕　民族舞踊の一種。「音頭を取る」は、多人数で物事を進めるとき、人の先頭に立ち、リードすること。

〔はざかいき〕　米や野菜などの収穫が終わり、一時的に商品が品薄になる時期。

〔ごういん〕　無理強いすること。「強引なセールス」など。「強盗」「強情」など、悪い意味の熟語では、「強」を「ごう」と読むことが多い。

□一見さん
□博打
□安普請
□安堵
□二枚舌
□高飛車
□極寒

〔いちげんさん〕　初めての客。お茶屋や高級料亭には、紹介のない一見さんはお断りという店がある。
〔ばくち〕　金や物を賭けて勝負を争うこと。
〔やすぶしん〕　すぐに壊れてしまいそうな安手の建物。単に「普請」は「ふしん」と読み、もとは仏教用語で、寺を建立するという意。
〔あんど〕　安心すること。「堵」は「かき」と訓読みし、垣根の中にいると、安心であることから。
〔にまいじた〕　人をだますため、二通りの言葉を使い分けること。「二枚舌を使う」「二枚舌外交」など。
〔たかびしゃ〕　高圧的に出るさま。もとは将棋用語で、飛車を中段に置き、攻撃的に構える戦法のこと。
〔ごっかん〕　ひじょうに寒いこと。「極寒の地」など。反対語は「極暑(ごくしょ)」。

□総花的
□興醒め
□勘当
□平生
□凡例
□流石
□雪崩
□店晒し

〔そうばなてき〕　誰にも都合よく接すること。「総花的な報告書」など。
〔きょうざめ〕　おもしろみがないという意。
〔かんどう〕　親子や師弟の縁を切ること。「親に勘当される」など。
〔へいぜい〕　ふだん。「平生の生活」など。
〔はんれい〕　辞書などの最初のページに、使い方を記した箇条書きのこと。なお、よく使う熟語のうち、「凡」を「はん」と読むのはこの語だけ。
〔さすが〕　思ったとおりにすばらしいという意味。
〔なだれ〕　雪が斜面を激しくすべり落ちること。「なだる」という古語の動詞から生まれた語。「雪崩を打つ」「表層雪崩」など。
〔たなざらし〕　商品が売れず、いつまでも店先にさらされていること。「おれを店晒しにする気か」など、比喩的にも使う。

column 1

正しい読み方はどっち？

世論――「せろん」or「よろん」？

明治・大正時代は「輿論」と書いて「よろん」と読んだ。戦後、「輿」が当用漢字からはずれたため、「世論」と書くようになり、「せろん」と読む人が増えた。その後、再び「世論」を「よろん」と読むようになり、今ではテレビのアナウンサーも「よろん」と読むようになっている。

お手数――「おてかず」or「おてすう」？

戦前までは「てかず」と読み、「お手数（てかず）をおかけしました」と礼を述べたもの。戦後、「おてすう」を「おかけしました」と言う人が増え、現在では「おてすう」が優勢。

早急——「さっきゅう」or「そうきゅう」？

本来は「さっきゅう」。ところが、近年の調査によると、「そうきゅう」と読む人が七割近くにのぼり、慣用読みとして定着したといえる情勢。

大地震——「だいじしん」or「おおじしん」？

ＮＨＫなどテレビ局のアナウンサーは「おおじしん」と読んでいる。ただし、「だいじしん」と読んでも間違いとはいえない。

開眼——「かいげん」or「かいがん」？

「かいげん」が正しい。「開眼」はもとは仏教用語で、仏道の真理を悟ること。そこから、芸道などで、神髄を知り、一段と高い域に達することを意味するようになった。

停留所——「ていりゅうしょ」or「ていりゅうじょ」？

「停留所」の「所」は、関西では「しょ」、東京では「じょ」と読むのが一般的。どちらが正しく、どちらが間違いというわけでもない。ただし、「事務所」「区役所」「裁判所」「刑務所」などは「しょ」と読み、「出張所」「紹介所」「試験所」などは「じょ」と読むのが一般的。

前半――「ぜんはん」or「ぜんぱん」?

昔から、「前半」は「ぜんはん」とも「ぜんぱん」とも読んだが、現在、テレビ局のアナウンサーは「ぜんはん」と読んでいる。「後半」を「こうはん」と読むことに合わせているとみられる。

二人組――「ふたりぐみ」or「ににんぐみ」?

これは、どちらでもOK。もとは「ににんぐみ」が一般的だったが、戦後「ふたりぐみ」という言い方が広まった。なお、テレビ局は今も「ににんぐみ」を正式な読み方としている。

博士――「はかせ」or「はくし」?

これも、どちらでもいいのだが、大学の「学位規則」に基づく正式な称号名としては「はくし」と読む。一般的には、「博士課程」を「はかせ課程」と読んでいるが、大学での正式な呼び方は「はくし課程」。

第3章

教科書で教わる漢字こそ〝キケン〟です

小学校6年間では、1006字の教育漢字を学習します。むろん、それらは基本的な漢字ばかりなのですが、まえがきで述べたように、わが国では一つの漢字を何通りにも読むため、基本漢字でも組み合わせによって難読熟語に化けることがあります。この章では、「水」や「下」といった教育漢字ごとに、誤読しやすい言葉・熟語をまとめました。〝小学校で習う漢字〟、読みこなせますか?

1 小学校で習う教育漢字なのに侮れないことば①

●「天」を正しく読み分けてください。

□天辺

□天晴れ

□天麩羅

□天牛

□天幕

〔てっぺん〕 いちばん上のこと。テレビ業界用語では、午前0時のこと。時計の針が「天」を指すから。

〔あっぱれ〕 見事。「天晴れな腕前」など。

〔てんぷら〕 こう書くのは当て字で、「麩羅」に意味はない。

〔かみきりむし〕 昆虫のカミキリムシ。長い触角を牛の角に見立てたもの。

〔てんまく〕 天井からつり下げる布のことだが、「テント」とも読む。

□天鵞絨　〔ビロード〕　西洋から渡来した布地の一種。

●「太」を正しく読み分けてください。

□太政官　〔だじょうかん〕　律令制の行政機関。明治維新後の新政府組織の正式名。

□太刀　〔たち〕　そりのある刀。

□太夫　〔たゆう〕　もとは五位の公家の通称。そこから、位の高い遊女、浄瑠璃の語り手など、さまざまに使われてきた言葉。

□太秦　〔うずまさ〕　京都を代表する難読地名。東映映画村がある。

□太占　〔ふとまに〕　鹿の骨を焼き、生じた割れ目による占い。

□太平洋　〔たいへいよう〕　大西洋は「大」と書く。ちなみに、「太平洋の真ん中に『ハワイ』(点)がある」と覚えると、太と大を書き間違えない。

●「和」を正しく読み分けてください。

□和気藹々
〔わきあいあい〕　知人などが集まり、親しく、和やかにしているさま。

□和物
〔あえもの〕　味噌やゴマなどであえた食べ物。

□和毛
〔にこげ〕　やわらかな毛。

□和泉
〔いずみ〕　地名。人名→和泉式部など。

□和蘭
〔オランダ〕　「オランダ」をこう書いたので、オランダ伝来の学問を「蘭学」という。学生服を「学ラン」と呼ぶのも、この蘭の文字からという説がある。

□温和しい
〔おとなしい〕　漢字ではこう書くことも。しずかで温和なさま。

●「生」を正しく読み分けてください。

□生地
〔きじ〕〔せいち〕　「きじ」と読むと、手を加えていない布地・素材。「せいち」と読むと、生まれた場所。

□生姜
□生身
□生半可
□生兵法
□相生の松
□半夏生
□生者必滅

〔しょうが〕　香辛料として用いるショウガ。
〔なまみ〕　生きている人間の体。「生身の体」など。
〔なまはんか〕　中途半端。不十分。
〔なまびょうほう〕　未熟な知識や技術のこと「生兵法は大怪我のもと」など。
〔あいおいのまつ〕　一つの根から黒松と赤松が生え出た松。古来、夫婦の仲のいいことのシンボルとされる。
〔はんげしょう〕　七十二候のひとつ。夏至から11日目。7月2日頃。
〔しょうじゃひつめつ〕　生きている者は必ず滅びること。

2 小学校で習う教育漢字なのに侮れないことば②

●「有」を正しく読み分けてください。

□有無
□有職故実
□有耶無耶
□有為転変
□有頂天
□有髪

〔うむ〕　有ることと無いこと。「有無を調べる」など。
〔ゆうそくこじつ〕　朝廷や武家の典礼や故実に関する知識。
〔うやむや〕　はっきりしないさま。
〔ういてんぺん〕　仏教語で、世の中のものは変化しつづけるという意。
〔うちょうてん〕　喜びのあまり、我を忘れたさま。
〔うはつ〕　髪を剃らないでいること。「有髪の僧」など。

●「四」を正しく読み分けてください。

□四阿　〔あずまや〕　壁のない簡素な家。庭園などの休息所。

□四十路　〔よそじ〕　四十歳。

□四海波しずか　〔しかい〕　世の中が平和であるさま。

□四書　〔ししょ〕　儒教で尊ぶ「論語」「大学」「中庸」「孟子」の四つの書物。

□四神　〔しじん〕　白虎、朱雀など、四つの方角を守る神。×「ししん」。

□四百四病　〔しひゃくしびょう〕　すべての病気。

□四十雀　〔しじゅうから〕　鳥の名前。

●「白」を正しく読み分けてください。

□白粉　〔おしろい〕　顔を白く塗る化粧品。頭にひらがなの「お」をつけ

□白波・白浪

□白虎

□白雨

□白寿

□白蓮

□白妙

る必要はない。白粉花は「おしろいばな」と読む。

〔しらなみ〕　白い波。盗賊のたとえ。中国の黄巾賊の残党が白波谷にたてこもったことから。「白浪五人男」など。

〔びゃっこ〕　白い虎。四神のひとつ。白狐も音読みにすると、「びゃっこ」。

〔はくう〕　夕立。にわかあめ。白く見えるほど、激しく降るという意味。

〔はくじゅ〕　九十九歳のこと。百という文字から、一をとると白になるところから、100マイナス1で99とシャレた。

〔びゃくれん〕　白い蓮の花。清らかなもののたとえ。蓮と仏教の関係が深い分、呉音で読む。

〔しろたえ〕　白い布。白い色。「白妙の」は、和歌の枕詞としてよく使われる。

□白地　〔あからさま〕　あからさまな熟字訓。

□白耳義　〔ベルギー〕　フランスの北側の国。

●「大」を正しく読み分けてください。

□大兄　〔たいけい〕　「たいけい」と読むと、男性の尊称。「おおえ」と読むと、皇子のこと→中大兄皇子。

□大凡　〔おおよそ〕　だいたい。おおむね。

□大字　〔おおあざ〕　地名に使われる語。

□大和　〔やまと〕　日本国のことであり、今の奈良県の昔の国名。

□大原女　〔おはらめ〕　京都郊外の大原から京の都に物売りにくる女性。

□大連　〔おおむらじ〕　律令制以前の古代の豪族に与えられた位。

□大晦日　〔おおみそか〕　一年の最後の日。

□大童

〔おおわらわ〕　奮闘する様子。「準備に大童になる」など。もともとは、結っていた髪がとけて、子供のようにざんばら髪になることをいう。

□大嘗祭

〔だいじょうさい〕　天皇が即位後、初めて行う新嘗祭（にいなめさい）。

□大鋸屑

〔おがくず〕　木を切ったときに出る木屑。

□大政所

〔おおまんどころ〕　摂政・関白の母への敬称。豊臣秀吉は関白だったので、その母を大政所と呼ぶ。

●「図」を正しく読み分けてください。

□図星

〔ずぼし〕　急所、要所。もとは、弓矢の的の中心の黒点を指す語。

□図会

〔ずえ〕　絵図を集めたもの。「名所図会」など。

□図々しい

〔ずうずうしい〕　面の皮が厚いこと。なお「図太い」は「ずぶとい」と読む。

3 小学校で習う教育漢字なのに侮れないことば③

●「七」を正しく読み分けてください。

□七五調　〔しちごちょう〕　七音、五音と言葉を繰り返す調子。

□七夕　〔たなばた〕　七月七日の星祭り。

□秋の七草　〔ななくさ〕　これは「七」を「なな」と訓読みにする。

□七転び八起き　〔ななころびやおき〕　なお「七転八起」は「しちてんはっき」と読む。

●「水」を正しく読み分けてください。

□水面　〔みなも〕〔すいめん〕　池や海の表面のこと。「水面にきらめく光」

□水底

□水口

□水分

□水脈

□水無月

など、詩的な表現では、「すいめん」と読むより、「みなも」と読んだほうがしっくりくる。

〔みなそこ〕　池や海の底。

〔みなくち〕　田へ水を引く口。昔は重要な意味があり、その年の耕作をはじめる際、「水口祭」などを営んだ。人名では「みずぐち」と読むことが多い。

〔みくまり〕〔すいぶん〕　「みくまり」と読むと、分水嶺のこと。山のなかで水の流れ方が分かれる場所。「水分神」は水の分配を司る神で、水分神社（分水神社）がある。「すいぶん」と読むと、含まれている水のこと。

〔みお〕〔すいみゃく〕　古文、和歌などでは「みお」と読み、意味は「すいみゃく」のこと。

〔みなづき〕　陰暦6月のこと。今の6月は梅雨真っ最中だが、現代の暦とはほぼ1か月ずれる陰暦では、雨の少ない季節に当

□水母
〔くらげ〕　海に漂うクラゲ。

□水黽
〔あめんぼ〕　「水馬」とも書く。

たった。

●「合」を正しく読み分けてください。

□合歓木
〔ねむのき〕　木の名前。「合歓」を「ごうかん」と読むと、歓びをともにすること。

□合戦
〔かっせん〕　戦い。「関ヶ原の合戦」など。「合」を「ガッ」と読む言葉は多いが、「カッ」と読むのは、この言葉と次の言葉くらい。

□合羽
〔かっぱ〕　雨を防ぐためのマント。なお、空想上の動物のカッパは「河童」と書く。

□合評
〔がっぴょう〕　何人かで作品を批評し合うこと。「小説の合評会」など。

□合一　〔ごういつ〕　一つに合わせる。「知行合一（ちこうごういつ）」など。

□百合　〔ゆり〕　花の名前。

●「宗」を正しく読み分けてください。

□宗族　〔そうぞく〕　祖先が同じ一族。「宗」は「しゅう」と読むことが多いが、この項でも「そう」と読む語を集めておく。

□宗廟　〔そうびょう〕　祖先のみたまや。

□大宗　〔たいそう〕　物事の大もと。大筋。「大宗を示す」など。

□宗匠　〔そうしょう〕　俳句、和歌などの師匠。

4 小学校で習う教育漢字なのに侮れないことば④

●「夜」を正しく読み分けてください。

□夜を徹する
□夜を日に継ぐ
□夜市

〔よ〕　一晩中、寝ないで。「よる」と読むのは間違い。慣用句は読み方も決まっている定型句なので、勝手に読み方を変えてはいけない。

〔よ〕　昼も夜もかまわず続けるさま。これも同様で、「よる」と読んではいけない。「夜を日に継ぐ突貫工事」など。

〔よいち〕　夜開かれる市。×やいち。ほか、夜嵐、夜遊び、夜歩きは、「よ」と読む。うっかり、「よる」や「や」と読まないように。

□夜半　〔やはん〕　夜中。訓読みにして「よわ」とも読む。

□夜叉　〔やしゃ〕　鬼神のひとつ。

●「不」を正しく読み分けて下さい。

□不立文字　〔ふりゅうもんじ〕　禅宗の根本的な考え方。悟りの道は文字や言葉ではなく、心によって会得するものという意味。

□不様　〔ぶざま〕　恰好が悪いこと。「無様」とも書く。

□不貞腐れる　〔ふてくされる〕　不満を顔に表すさま。

□不祝儀　〔ぶしゅうぎ〕　めでたくないこと。おもに「葬儀」のことをいう。「身内に不祝儀があってね」など。

□不得要領　〔ふとくようりょう〕　要領を得ない。×「ふえようりょう」。

□不如帰　〔ほととぎす〕　鳥の名。鳴き声が「不如帰去」(読みくだすと、帰去するに如かず)と聞こえることから、こう書くようになったと

□不見転
〔みずてん〕　見もしないで、何かをはじめること。「不見転で買いつける」「不見転芸者」など。

□不知火
〔しらぬい〕　海面に広がる火の光。漁船の漁火の光が屈折して、海面に広がって見えたりする。有明海が有名。

●「山」を正しく読み分けてください。

□山師
〔やまし〕　投機的な事業を行う人。もともとは鉱山開発を仕事とする人。

□大山
〔たいざん〕〔だいせん〕　大きな山という意味の普通名詞としては「サン」、中国地方最高峰の固有名詞としては「セン」と読む。

□山女
〔やまめ〕　清流にすむ川魚。「山女魚」とも書く。

□山羊
〔やぎ〕　メイメイとなく動物。

●「今」を正しく読み分けてください。

□今日

□今朝

□今宵

□今夜

〔こんにち〕〔きょう〕　「こんにち」と読むと、単に「その日当日」だけでなく、「現代」を意味する。「今日の政治問題」など。「きょう」と読むと、「今日の献立」など、その日当日を指す。

〔けさ〕　きょうの朝。「こんちょう」とも読むが一般的ではない。

〔こよい〕　きょうの夜。

〔こんや〕　きょうの夜。今夕、今晩も「コン」と読む。なぜか「今昼」という言葉は使わない。

5 小学校で習う教育漢字なのに侮れないことば⑤

●「月」を正しく読み分けてください。

□月次

□月下氷人

□月光菩薩

□毎月

〔げつじ〕〔つきなみ〕　「げつじ」と読むと、月ごとの。「つきなみ」はどこにでもあるという意で、「月並」とも書く。

〔げっかひょうじん〕　結婚の仲立ちをする人。仲人。

〔がっこうぼさつ〕　月光はふつう「げっこう」と読むが、菩薩名の場合は、仏語によく使われる呉音で「がっこう」と読む。

〔まいげつ〕〔まいつき〕　「まいげつ」が本来の読み方だが、「まいつき」と重箱読みにすることも。

●「赤」を正しく読み分けてください。

□赤光
〔しゃっこう〕　夕日の光。あかあかと輝くことから。

□赤銅
〔しゃくどう〕　銅に少量の金銀を加えたごうきん。「赤銅色の肌」は、よく焼けた肌色の形容。なお、「銅」一字で「あかがね」とも読む。

□赤口
〔しゃっく〕　大安などの六曜のひとつ。「しゃっこう」とも読む。

□赤裸々
〔せきらら〕　あからさまな。つつみかくすところがない。「赤裸々に語る」など。

□赤穂
〔あこう〕　兵庫県の地名。「赤穂浪士」など。

●「明」を正しく読み分けてください。

□明朝
〔みょうちょう〕〔みんちょう〕　「みょうちょう」と読むと、明日の朝。「みんちょう」と読むと、中国の明の時代。なお、明朝体(みんちょうたい)は

□明明後日
□明王
□明神
□明々白々
□明石

活字の名前で、あなたが今、お読みの字体。
〔しあさって〕　あさっての次の日。
〔みょうおう〕　仏法を守護する神。「不動明王」など。
〔みょうじん〕　神様の尊称。「明神様」など。
〔めいめいはくはく〕　ひじょうにはっきりしているさま。「そちらに非があることは明々白々だ」など。
〔あかし〕　兵庫県の地名。源氏物語の巻名でもある。

❻ 小学校で習う教育漢字なのに侮れないことば⑥

●「子」を正しく読み分けてください。

□子煩悩　〔こぼんのう〕　自分の子供をとくに可愛がること。

□子々孫々　〔ししそんそん〕　子孫の続くかぎり。

□金子　〔きんす〕　金銭のこと。「かねこ」と読むと、人名。

□乱臣賊子　〔らんしんぞくし〕　反乱を試みる者。

●「気」を正しく読み分けてください。

□気色ばむ　〔けしき〕　怒りの感情を表すさま。「気色悪い」は「きしょく」と読む。

□**気質**

〔かたぎ〕〔きしつ〕　気立て。性格。「職人気質（かたぎ）」「穏やかな気質（きしつ）」など。

□**気触れる**

〔かぶれる〕　人の影響を受けて熱中する。

□**血の気が引く**

〔ちのけ〕　顔面蒼白になること。

●「百」を正しく読み分けてください。

□**百日紅**

〔さるすべり〕　植物の名前。樹皮がつるつるで、サルでも滑りそうなことからこの名に。

□**百舌**

〔もず〕　鳥の名前。「百舌の早贄（はやにえ）」など。

□**百済**

〔くだら〕　昔、朝鮮半島にあった国。「百済観音」など。

□**百花繚乱**

〔ひゃっかりょうらん〕　さまざまな花が咲き乱れるさま。

●「仮」を正しく読み分けてください。

□仮初め

〔かりそめ〕　一時のこと、はかないこと。「仮初めにも」は下に否定語を伴って、「いやしくも」の意。「仮初めにも教師たる者が〜」など。

□仮病

〔けびょう〕　病気と偽ること。「仮病をつかう」など。

●「出」を正しく読み分けてください。

□出来

〔しゅったい〕〔でき〕　「しゅったい」と読むと、物事が発生すること。シュツライのなまり。「でき」とも読む↓「出来る」。

□出納

〔すいとう〕　金銭の出し入れ。支出と収入。

□出挙

〔すいこ〕　古代、農民に稲などを貸し付けたこと。

□出雲

〔いずも〕　いまの島根県東部の旧国名。

7 小学校で習う教育漢字なのに侮れないことば⑦

●「海」を正しく読み分けてください。

□海象

□海鼠

□海肝

□中海

〔セイウチ〕　海獣の名。ロシア語の sivuch に由来する語。なお、海驢は「アシカ」と読む。

〔なまこ〕　「海参」は「いりこ」（なまこを干したもの）と読む。

〔うに〕　「雲丹」とも書く。

〔なかうみ〕　周囲を陸地に囲まれた海。島根県の汽水湖の名前でもある。

●「火」を正しく読み分けてください。

□火口
〔かこう〕〔ほぐち〕　「かこう」と読むと、火山の噴火口。「ほぐち」と読むと、火打ち石で打ち出した火をうつす道具。

□火酒
〔ウォッカ〕　ロシアの酒。アルコール度が高く、火をつけると燃えることから、こう書く。「かしゅ」とも読む。

□行火
〔あんか〕　暖をとる道具。なお、「行」を「あん」と読むのは日本では珍しい唐音。

●「主」を正しく読み分けてください。

□主水
〔もんど〕　昔の官職。昔は名前にも使われ、中村主水など。

□主計
〔しゅけい〕〔かずえ〕　予算をつかさどること。「財務省主計局」など。古くは「かずえ」とも読んだ。

□主税
〔しゅぜい〕〔ちから〕　税をつかさどること。「財務省主税局」など。古くは「ちから」とも読んだ。「大石主税」など。

□主典　〔さかん〕　律令制の四位の最下位。

●「母」を正しく読み分けてください。

□母音　〔ぼいん〕　日本語では、アイウエオのこと。

□母衣　〔ほろ〕　おおい（幌(ほろ)とも書く）。もとは、背に背負って矢を防ぐための防具↓「母衣武者」。

□雲母　〔うんも〕〔きら〕〔きらら〕　光沢をもつ結晶性の鉱物。「雲母(きら)刷り」など。

□乳母　〔うば〕　子供に母乳を与える女性。「乳母(おんば)日傘で育てられる」という慣用句の場合は「おんば」と読む。

8 小学校で習う教育漢字なのに侮れないことば⑧

●「目」を正しく読み分けてください。

□目映い
□目眩
□目論見
□目睫の間(かん)に迫る
□面目

〔まばゆい〕 目にまぶしい。「目映い春の光」など。眩いとも書く。

〔めまい〕 目がくらくらすること。眩暈とも書く。

〔もくろみ〕 計画、こころづもり。

〔もくしょう〕 すぐ近くまで迫る。睫はまつ毛のことで、目とまつ毛ほどの近さまで迫っているという意味。

〔めんもく〕 めんつ。体面。「面目を失う」など。「めんぼく」とも読み、これは頻出語のなかで目を「ボク」と読む珍しい例。

□一目置く　〔いちもくおく〕　相手を上と認める。囲碁の置碁に由来する。

●「丁」を正しく読み分けてください。

□丁字路　〔ていじろ〕　丁型の三叉路。「T字路」とも書くが、本来は「丁字路」。

□丁半　〔ちょうはん〕　偶数と奇数。「丁半博打」など。

□丁場　〔ちょうば〕　割り当てられた受け持ち区域。警察の隠語では捜査本部のこと。

□丁稚　〔でっち〕　商家で見習い奉公している子供・少年。

□丁髷　〔ちょんまげ〕　江戸時代以前の男性の髪形。

□丁抹　〔デンマーク〕　北欧の国、デンマークは漢字ではこう書く。

●「下」を正しく読み分けてください。

□下手　〔したて〕〔しもて〕〔へた〕　文脈によって読み分ける必要がある語。

□下手人

□下手物

□下情

□下世話

□下総

□鼻下長

□下垂

□下野

〔げしゅにん〕　「下手」の下に「人」がつくと「げしゅ」と読む。犯人のこと。

〔げてもの〕　「下手」に「物」がつくと、「げて」と読む。レベルの低い品のこと。反対語は「上手物(じょうて)」。

〔かじょう〕　しもじもの様子。「下情に通じる」が決まり文句。

〔げせわ〕　世間でよく口にされる話。

〔しもうさ〕　今の千葉県北部の旧国名。

〔びかちょう〕　鼻の下が長いさま。要するに、鼻の下を伸ばしているさま。

〔かすい〕　垂れ下がること。「胃下垂」。

〔げや〕　「げや」と読むと、官職を辞め、民間人になること。政権の座からおりること。「しもつけ」と読むと、今の栃木県の旧国名。

9 小学校で習う教育漢字なのに侮れないことば⑨

●「八」を正しく読み分けてください。

□八岐大蛇
□八幡
□八幡船
□八重

〔やまたのおろち〕　出雲神話に登場する大蛇。
〔はちまん〕〔やはた〕〔やわた〕　神は「はちまん」、地名は「やはた」か「やわた」と読む。
〔ばはんせん〕　室町時代に中国沿岸などを襲った倭寇の船。倭寇が掲げた八幡の旗を明の人々が「バハン」と読んだことに由来するとみられる。
〔やえ〕　何重にもなっているさま。「八重桜」。

□大八洲　〔おおやしま〕　日本のこと。

●「千」を正しく読み分けてください。

□千々　〔ちぢ〕　さまざま。いろいろ。「思い、千々に乱れる」など。

□千木　〔ちぎ〕　神社の拝殿・本殿などの屋根上に突き出した材木。

□千尋　〔ちひろ〕　ひじょうに長いこと。「尋」は長さの単位。

□千歳　〔ちとせ〕　長生きすること。「千歳飴」など。北海道の地名でもある。

□千手観音　〔せんじゅかんのん〕　衆生を救うため、多くの手をもつ観音。×せんでかんのん。

●「女」を正しく読み分けてください。

□女形　〔おんながた〕〔おやま〕　歌舞伎で女の役をする役者。

□女将　〔おかみ〕　旅館や料亭などの女主人。

□女御　〔にょうご〕　朝廷に仕える女官。

□女護が島　〔にょごがしま〕　女だけが住むという島。

●「内」を正しく読み分けてください。

□内法　〔うちのり〕　容器の内側のすんぽう。

□内弁慶　〔うちべんけい〕　身内や仲間に対しては、弁慶のように強気に振る舞うが、外に対しては意気地がないさま。

□内儀　〔おかみ〕〔ないぎ〕　人の妻への敬称。商家の女主人を指す女将（おかみ）とはニュアンスが違う。

□内匠頭　〔たくみのかみ〕　昔の官職名。浅野内匠頭など。

10 小学校で習う教育漢字なのに侮れないことば⑩

●「木」を正しく読み分けてください。

□木乃伊
□木遣り
□木訥
□木強漢
□木石にあらず

〔ミイラ〕 長期保存のため、人体などを乾燥させたもの。熟字訓の代表格。
〔きやり〕 祭りなどで歌う木遣り歌の略。
〔ぼくとつ〕 飾り気がなく、素朴なこと。「朴訥」とも書く。
〔ぼっきょうかん〕 ぶこつ者。飾り気がなく一徹な男。
〔ぼくせき〕 人間は、木や石のように感情のないものではないという意。

□木賃宿　〔きちんやど〕　値段が安く、粗末な宿。

□木賃アパート　〔もくちん〕　こちらは、「もくちん」と読む。木造賃貸の略。

□木瓜　〔ぼけ〕　花木の名前。「もっか」がなまりになまって、「ぼけ」となったとみられる。

□木通　〔あけび〕　木、くだものの名前。

□木槿　〔むくげ〕　花木の名前。

□木っ端　〔こっぱ〕　木の削りくず。取るに足らないもの。「木っ端侍めが！」など。

●「公」を正しく読み分けてください。

□公方　〔くぼう〕　将軍のこと。「犬公方」など。

□公家　〔くげ〕　朝廷に仕える貴族。

□公卿
□公達
□公司
□公事
□公界
□公地公民
□公孫樹

〔くぎょう〕　三位（さんみ）以上の公家の総称。
〔きんだち〕　皇族・貴族の息子。「キミダチ」がなまったとみられる。「平家の公達」など。
〔こんす〕　会社。中国での呼び方。「有限公司」など。
〔くじ〕　裁判のこと。「公事方御定書」など。
〔くがい〕　公の場。世間。
〔こうちこうみん〕　土地と民がすべて、国家（天皇）所有物であるとする古代国家の統治原理。
〔こうそんじゅ〕〔いちょう〕　樹木の名前。植えても、孫の代にならないと実（ギンナン）がならないので、こう書くという。

11 小学校で習う教育漢字なのに侮れないことば⑪

●「口」を正しく読み分けてください。

□口惜しい
□口分田
□口裏
□口舌
□口籠もる

〔くやしい〕　残念に思う。「悔しい」とも書く。
〔くぶんでん〕　古代、公民に与えられた土地。
〔くちうら〕　言葉や言い方。もとは、人の言葉から吉凶を占うことで、「口占」と書いた。「口裏を合わせる」がほぼ専用の使い方。
〔こうぜつ〕〔くぜつ〕　言葉。口先。「しょせん、彼は実行を伴わない口舌の徒だ」など。
〔くちごもる〕　言葉を外に出さずに、口のなかでもごもごいう。

□口数

〔くちかず〕〔くちすう〕　「くちかず」と読むと、言葉数のこと。「くちすう」と読むと、口座の数など、申し込みの単位。

□口利き

〔くちきき〕　取りなし。仲介して、ととのえること。「○○さんの口利きで、商談がうまく進みました」など。

●「土」を正しく読み分けてください。

□土地

〔とち〕　ポピュラーな熟語で「ト」と読むのは、これくらい。

□土一揆

〔どいっき〕　室町時代、農民（土民）が起こした一揆。「つちいっき」とも読む。

□土性骨

〔どしょうぼね〕　根性があるさま。「土性骨がすわっている」など。

□土竜

〔もぐら〕　地下で暮らす動物モグラは、漢字ではこう書く。

□土塊

〔どかい〕〔つちくれ〕　土の固まり。

□土壇場
〔どたんば〕　切羽詰まった場面。もとは、斬罪に処す場のこと。

□土耳古
〔トルコ〕　中東の国。

□露土戦争
〔ろとせんそう〕　ロシアとトルコの戦争。この「土」はトルコの略なので「と」と読む。×「ろど」。

□土佐
〔とさ〕　今の高知県の旧国名。同じ地域を指す「土州」も「としゅう」と濁らずに読む。

●「直」を正しく読み分けてください。

□直参
〔じきさん〕　直接の家来。「直参旗本」など。

□直々
〔じきじき〕　直接に。「社長直々に呼び出される」など。

□直談判
〔じかだんぱん〕　直接、相手と話し合う。強く交渉する。

□直答
〔ちょくとう〕〔じきとう〕　「ちょくとう」と読んでも「じきとう」

と読んでも、じかに相手に伝えること。「直答を許す」など。

□直会

〔なおらい〕　神事が終わったあとに催す宴会。「直り会い」がなまった読み方とみられる。

□直垂

〔ひたたれ〕　昔の公家の平服。後に、武家の礼装になる。

●「野」を正しく読み分けてください。

□野良仕事

〔のらしごと〕　農作業。

□野暮

〔やぼ〕　粋ではないさま。「野暮天」など。

□野暮れ山暮れ

〔のくれやまくれ〕　野で暮らし、山で暮らすように。長い旅を形容する言葉。

⓬ 小学校で習う教育漢字なのに侮れないことば⑫

●「名」を正しく読み分けてください。

□名田

□名号

□名主

□名利

〔みょうでん〕　農民私有の田。所有者の名前をつけたので、こう呼ぶとみられる。

〔みょうごう〕　如来や菩薩の名前。阿弥陀如来などのこと。

〔なぬし〕〔みょうしゅ〕　江戸時代の村役人。「みょうしゅ」とも読む。

〔みょうり〕　名誉と利益。「冥利」とは意味が違う。

●「歩」を正しく読み分けてください。

□歩兵
〔ほへい〕〔ふひょう〕　陸軍の兵種のひとつ。徒歩で戦う兵。「ふひょう」と読むと、将棋の「ふ」のこと。

□歩留り
〔ぶどまり〕　原材料の量に対して、完成品ができあがる比率。「歩留りがいい（悪い）」など。

□歩武
〔ほぶ〕　勇ましい足どり。「歩武堂々」など。

●「元」を正しく読み分けてください。

□元凶
〔げんきょう〕　悪事の原因をつくった者。「大惨事の元凶」など。

□元結
〔もとゆい〕　髷を結ぶための細い紐。なまって「もとい」「もっとい」ともいう。『文七元結（もっとい）』は落語の人情噺の大ネタ。

□元請
〔もとうけ〕　注文主から直接仕事を受けること。

□元首
〔げんしゅ〕　国の首長。昔は「もとくび」とも読み、首の根っこのこと。ただし、いまこう読むと笑われることになるだろう。

●「男」を正しく読み分けてください。

□美男子
〔びなんし〕　容姿の美しい男。ハンサム。本来は「びなんし」と読むが、「びだんし」という読み方も広がっている。

□男文字
〔おとこもじ〕　漢字のこと。あるいは、男らしい文字のこと。

□男波
〔おなみ〕　高い波。低い波は「女波（めなみ）」。

第4章　大人なら読めて当然、使えて当然の慣用句です

慣用句は、日本語の花。巧みで面白い表現が多いので、うまく使えば、言葉づかいがぐんと華やかになります。

ただし、慣用句は定型句（決まった形で表す言葉）なので、言葉の組み合わせを勝手に変えるのはNG。読み方も意味も正確に知って使わないと、思わぬところで恥をかくことにもなります。

読み方だけでなく、その意味や言葉の組み合わせも、しっかりおさえてください。

1 読み間違えるとかなり恥ずかしい慣用句

●慣用句の中に潜む危険な一文字、正しく読めますか?

□**目**の当たりにする

□**寂**として声なし

□**累**が及ぶ

□歯に**衣**着せない

□**噯**にも出さない

〔**ま**〕 目の前で直接見ること。×「め」。

〔**せき**〕 静かなさま。「寂」を「じゃく」と読むのは間違い。

〔**るい**〕 他の事や人に、災いや迷惑をかけるさま。「隣家にも累が及ぶ」など。

〔**きぬ**〕 相手に遠慮せず、ズケズケと言うこと。×「ころも」。

〔**おくび**〕 隠し事をしていることを表に出さない。「噯」はゲップのこと。

□身を**粉**にする

□**的**を射る

□**罰**が当たる

□**徒**となる

□**性**に合う

□**斜**に構える

□**益**もない

□**野**に下る

□**悦**に入る

□**腑**に落ちない

〔こ〕　懸命に働くこと。×「こな」。

〔まと〕　要点をとらえること。的は射るものであり、的を「得る」は間違い。

〔ばち〕　神や仏の報いを受けること。×「ばつ」。

〔あだ〕　無駄になる。咲いても実がならない花は「徒花」。×「と」。

〔しょう〕　好みや性格が合うこと。×「せい」。

〔しゃ〕　物事と正面から向き合わず、皮肉っぽい態度をとるさま。×「ななめ」。

〔やく〕　無駄である。「益体（やくたい）もない」も同じ意味。×「えき」。

〔や〕　官職を辞め、民間人になること。「在野」の「野」。×「の」。

〔えつ〕　満足して悦ぶこと。「入（い）る」の読み方にも注意のほど。

〔ふ〕　納得がいかない。「腑」ははらわたの意。

□**粋**を集める

□**虚**をつく

□**妍**を競う

□**縁**もゆかりもない

□**奇**を衒(てら)う

□**鯖**を読む

□**刃**に掛かる

□**掌**にする

□**管**を巻く

〔**すい**〕　すぐれたものを集める。「現代技術の粋を集める」など。×「いき」。

〔**きょ**〕　相手の隙をついて攻める。×「うそ」。

〔**けん**〕　女性たちが競い合うようにして美しいさまをあらわす言葉。

〔**えん**〕　まったくつながりがない。

〔**き**〕　意図的に変わったことをして注目を集めること。

〔**さば**〕　数をごまかすこと。魚の数をごまかしたことが語源とみられる。

〔**やいば**〕　刃物によって殺される。「かたな」ではない。

〔**たなごころ**〕　思いのままにすること。掌はてのひらの意だが、てのひらと誤読しないように。

〔**くだ**〕　酔っ払って、くだらない話を繰り返すこと。

□なす**術**がない

□**根**を詰める

□**分**が悪い

□**空**を切る

□**鎬**を削る

□**裃**を脱ぐ

〔すべ〕　手段（術）がなく、困り果てているさまを表す。×「じゅつ」。

〔こん〕　休みもせず働き続ける。×「ね」。

〔ぶ〕　この「分」は優劣の状況という意味で、「分が悪い」は自分にとって形勢がよくない様子。「口ゲンカとなると分が悪い」などという。

〔くう〕　肩透かしにあうこと。野球では「空振り」の意。

〔しのぎ〕　激しく争うこと。「鎬」は、刀の刃と峰の間の盛り上がった部分。その鎬が削れるほどに、激しく刀をぶつけ合うことから。

〔かみしも〕　裃は、武士の礼装。それを脱ぐことから、気楽な気分になり、打ち解けるという意。なお「裃」は日本生まれの国字。

●言葉によって、読み方が変化する漢字です。

□**真**に受ける　本当にそうだと思う。〔ま〕

□**真**に迫る　ひじょうにリアルにみえること。迫真。〔しん〕

□**音**に聞く　名前が知れ渡っている。〔おと〕

□**音**を上げる　困って弱音を吐くこと。〔ね〕

□**頭**が高い　目上に対する態度が横柄なこと。〔ず〕

□**頭**を回らす　後ろを振り向くこと。過去を振り返ること。〔こうべ〕

□**臍**を噛む　後悔してくやしく思うこと。〔ほぞ〕

□**臍**を曲げる　感情を害し、素直な態度をとらなくなること。〔へそ〕

□**杯**をもらう　ついでもらった酒を飲む。親分子分の関係を結ぶ。〔さかずき〕

□**杯**を重ねる　酒を次々と飲み、杯を空にすること。〔はい〕

□**実**もない　中身がないこと。〔み〕

□**実**をとる　（名目よりも）実利を得る。〔じつ〕

2 教養がチラリと見え隠れする大人の慣用句①

●難読漢字が含まれる慣用句です。読んでください。

□**齟齬**を来す

□**黒白**を争う

□**大鉈**を振るう

□**口吻**を洩らす

〔そご〕　行き違いになること。「齟齬」は食い違いという意。「どうやら、君の弁解も齟齬を来(きた)したようだね」など。

〔こくびゃく〕　事の是非をはっきりさせる。「白黒をつける」とほぼ同じ意味。「裁判で黒白を争う」など。

〔おおなた〕　状況を大きく変えるような思いきった処理をすること。「大鉈を振るってリストラする」など。

〔こうふん〕　言葉に心の内側が現れること。「吻」はくちぶりの意。

□**灰燼**に帰す

□**大尽風**を吹かせる

□**御託**を並べる

□**発破**をかける

□**毒気**を抜かれる

□**口耳の学**

〔**かいじん**〕　すべてが失われること。「燼」は燃えカス。「大火に遭い、すべてが灰燼に帰す」というように使う。

〔**だいじんかぜ**〕　いかにも金があるように振る舞うこと。「大尽」は財産家のこと。

〔**ごたく**〕　勝手な言い分をくどくどと並べ立てる。「御託」は、「御託宣」の「宣」が抜け落ちたもの。「御託を並べるのも、いいかげんにしろ！」など。

〔**はっぱ**〕　強い言葉で励ましたり、煽ること。「発破」は、鉱山やトンネル工事で爆破するときに使う火薬。「やる気のない部下に発破をかける」など。

〔**どっけ**〕　気負った気持ちを削がれること。「どっき」と読んでも間違いではない。

〔**こうじのがく**〕　受け売りの知識。「耳」で聞いたばかりの知識をすぐに「口」から出すことから。

□末期の水

□一札入れる

□平仄が合わない

□有卦に入る

□肝胆相照らす

〔まつご〕　亡くなる間際、あるいは亡くなってまもない人の口にふくませる水。この場合、「まっき」と読むのは×。

〔いっさつ〕　謝罪文や始末書を相手に差し出すこと。

〔ひょうそく〕　物事の筋道が立たないこと。漢詩を作るとき、平声字と仄声字の配列が合わないことから。「その話は平仄が合わないんじゃないですか」など。

〔うけにいる〕　幸運に恵まれ、よいことが続くさま。「有卦」は陰陽道で運勢が吉運の年回り。

〔かんたんあいてらす〕　心の底まで打ち明けてつきあうこと。「肝胆」は、肝臓と胆囊。「彼とは肝胆相照らす仲です」など。

3 教養がチラリと見え隠れする大人の慣用句②

●読めますか？　意味がわかりますか？

□綺羅、星のごとく

〔きら、ほしのごとく〕　立派な人が大勢いるさま。「綺羅」は、美しい衣服。「きらぼしのごとく」と続けて読むのは誤り。

□糊口を凌ぐ

〔ここうをしのぐ〕　なんとか生計を立てること。「糊口」（口に糊（のり）する）は、粥をすするという意。「しばらくは糊口を凌ぐしかないね」など。

□愁眉を開く

〔しゅうびをひらく〕　心配ごとがなくなり、安心するさま。「愁眉」は、愁いに眉をしかめた表情。

□危殆に瀕する
〔きたいにひんする〕　危険な状態に陥ること。「危うい」も「殆うい」も「あやうい」と読む。

□釣瓶落とし
〔つるべ〕　まっすぐ早く落ちる様子。秋の日の暮れやすいこと。

□惻隠の情
〔そくいんのじょう〕　かわいそうに思うこと。「君には惻隠の情ってものがないのかね」など。

□伝家の宝刀
〔でんかのほうとう〕　いざというときに使うとっておきの切り札。代々家に伝わっている名刀であることから。「伝家の宝刀を抜く」が定番句。

□相好を崩す
〔そうごうをくずす〕　それまでの表情を変え、ニコニコすること。「相好」は、顔かたちという意。「孫の成長ぶりに相好を崩す」など。

□這う這うの体
〔ほうほうのてい〕　その場を逃げだすさま。這うような恰好で逃げるところから、「這う這う」となった。「這う這うの体で退散する」など。

□**干戈を交える**
〔かんかをまじえる〕　戦争をすること。「干」は楯、「戈」はほこのことで、「干戈」は戦争を意味する。

□**蒲柳の質**
〔ほりゅうのしつ〕　ひよわで病気になりやすい体質。「蒲柳」は弱々しい樹木のカワヤナギのこと。

□**後生畏る可し**
〔こうせいおそるべし〕　後から生まれてくる者は、新しい知識や知恵を身につけることになるので、侮ってはいけないという意。なお「後生だから」（お願いだからの意）は「ごしょう」と読む。

□**歯牙**にもかけない
〔しが〕　まったく問題にしないこと。

□**非業**の死を遂げる
〔ひごう〕　災難などに遭って天寿を全うすることなく、最期を迎えること。

□**雁字搦め**
〔がんじがらめ〕　縄などを縦横に厳重に縛ることから、束縛だらけで自由がまったくないさま。

□**閑古鳥**が鳴く
〔かんこどり〕　お客が来ない状態。閑古鳥はカッコウのこと。「客

□**青丹**よし

□**閻魔帳**

□**呆気**にとられる

□打って**一丸**となる

□**後朝**の別れ

□**久闊を叙する**

□**屋上屋**を架す

□雪を**欺く**

入りは閑古鳥が鳴くような状態で」など。

〔あおに〕　「奈良(の都)」にかかる枕詞。奈良で顔料用の「青丹」という青黒い土が採れたことから。

〔えんまちょう〕　閻魔大王が死者の生前の行いや罪悪を書く帳簿。教師が生徒の成績などを記す手帳の俗称。

〔あっけ〕　予想もつかない出来事に遭遇して、呆れ果てること。

〔いちがん〕　一致団結して事にあたること。

〔きぬぎぬ〕　男女が一夜を共にした翌朝の別れ。

〔きゅうかつをじょする〕　無沙汰の挨拶をすること。「久闊」は長らく会わないこと、「叙する」は述べること。

〔おくじょうおく〕　無用なことをするたとえ。

〔あざむく〕　女性の肌の白さを表す比喩表現。「雪さえ欺かれて

□**正鵠**を得る

□**埒**があかない

□**荊**の道

□**氷炭相容れず**

しまうほど白い」という意。「雪を欺くような白い肌」など。

〔せいこく〕　物事の核心をつく。「正鵠」は的（まと）の中央の黒い星のことなので、「正鵠を射る」ともいうが、『広辞苑』は「正鵠を得る」をメインにしている。

〔らち〕　物事がうまく進まないさま。「埒」は馬場の周りにある柵。

〔いばら〕　苦難に満ちた人生をたとえていう語。「荊の道を歩く」「荊の道が待ち受ける」など。イバラは「茨」「棘」とも書く。

〔ひょうたんあいいれず〕　性質がまったく違って合わないこと。

●引き続き、難読漢字が登場する慣用句です。読んでください。

□**螺子**を巻く　怠けた態度をきちんとさせる。〔ねじ〕

□**世故**に長ける　世渡りが上手であるさま。〔せこ〕

□**二進も三進も**　行き詰ってどうにもならないこと。〔にっちもさっちも〕

□**満遍**なく　くまなく行き渡っていること。〔まんべん〕

□**嫡々**の江戸っ子　血筋が純粋なこと。〔ちゃきちゃき〕

□**主**ある花　夫のある女性。妻が夫に従う身であった時代の表現。〔ぬし〕

□**終の住処**　人生の最後に住むところ。「終の住処とする」など。〔ついのすみか〕

□**棺を蓋う**　人が死ぬこと。「棺のふたを蓋う」という意。〔かんをおおう〕

□**口角**泡を飛ばす　口の角から泡を飛ばすように、言い合うという意。〔こうかく〕

□**逆鱗**に触れる　目上の人を激しく怒らせること。〔げきりん〕

□掌中の**珠**　手の中にした珠のように大切にしているという意。〔たま〕

4 教養がチラリと見え隠れする大人の慣用句③

●読めますか？　意味がわかりますか？

□踏鞴を踏む

□病膏肓に入る

□烏有に帰す

〔たたら〕　勢いよく向かったが、的が外れ、空足（からあし）を踏むさま。足で踏んで空気を送る「鞴（ふいご）」から来た語。

〔こうこう〕　物事に熱中しすぎたさま。「膏」は心臓の下、「肓」は横隔膜の上で、病気がそこに入ると治すのが難しいことから。×「こうもう」。

〔うゆう〕　すべてなくなってしまうこと。「烏有」は、「烏（いずく）んぞ有（あ）らんや」の意で、まったくないこと。「すべての努力が烏有に帰す」など。

□人口に**膾炙**する

□**俗耳**に入りやすい

□**自家薬籠中**の物

□**呱々**の声を上げる

□**膏血**を絞る

□**苦界**に沈む

〔**かいしゃ**〕　広く知れ渡ること。「膾」はなます、「炙」は炙った肉で、ともに誰もが美味しく感じることから。「人口に膾炙した意見」など。

〔**ぞくじ**〕　世間では受け入れられやすいこと。

〔**じかやくろうちゅう**〕　必要に応じて思いどおりに使えるような物。自分の薬箱にある薬のように、自在に用いることができるという意。

〔**ここ**〕　赤ん坊が母親の腹から生れ落ちたときに上げる声。産声。「戦後民主主義が呱々の声を上げる」など。

〔**こうけつ**〕　「膏」の訓読みは「あぶら」。「膏血」は「あぶらと血」であり、「苦労して得た財産」、さらに「重税」を意味するようになった。

〔**くがい**〕　身を売り、遊女になること。「苦界」はもともとは仏教用語で、苦しみの絶えない人間の世界のこと。そこから、遊郭に身を

□**驥尾**に付す

□**糟粕を嘗める**

□お**蚕**ぐるみ

沈めることを表すように。

〔**きび**〕　後進の者が先達に従って事を成し遂げる。「驥尾」は、駿馬の尾のこと。「私など、先輩方の驥尾に付してまいっただけで」など。

〔**そうはくをなめる**〕　先人を真似るだけで、進歩がみられないさま。糟粕は酒の粕、そこから精神の抜けたものの比喩に。

〔**かいこ**〕　贅沢三昧の身分。蚕は絹を生み出す幼虫であり、そこから「絹物ばかりを着ている身分」を表す。「お蚕ぐるみで育てられたお坊ちゃん」など。

「不」か「無」か、正しいのはどっち？

熟語には、頭に「不」か「無」がついて、否定の意味になる言葉がたくさんあります。以下の言葉には、どちらがつくか、チェックしてみてください。

□1 医村　□2 意識　□3 可避　□4 造作　□5 可抗力
□6 一文　□7 関心　□8 謹慎　□9 寝番　□10 条理
□11 害　□12 軌道　□13 都合　□14 用意　□15 惑
□16 限大　□17 神論　□18 政府　□19 可分　□20 頓着

〔答え〕
1 無医村　2 無意識　3 不可避
4 無造作　5 不可抗力　6 無一文
7 無関心　8 不謹慎　9 不寝番
10 不条理　11 無害　12 無軌道
13 不都合　14 不用意　15 不惑
16 無限大　17 無神論　18 無政府
19 不可分　20 無頓着

※なお、以下の言葉は「不」でも「無」でもＯＫ。不精者・無精者、不器用・無器用、不作法・無作法、不調法・無調法。ただし、これらの言葉は、「不」を使うほうが優勢で、ワープロソフトでも「不」のほうが先に出てくることが多いようです。

第5章　日本語の格調を高める四字熟語です

中国語の文章のリズムは「四字一句」が基本。そこから、多数の四字熟語が生まれ、日本はそれらを〝輸入〟してきました。そのリズムは日本人の感覚にもよく合い、いまも、多数の四字熟語が使われています。

四字熟語は、故事にルーツをもつ言葉が多いこともあって、物事を格調高く表現できるのが特長。うまく使いこなせば、人をほめるときにも、あるいはけなすときにも、一味違った表現ができるはずです。

❶ 相手を格調高く批判できる四字熟語

●どういう「批判」かわかりますか？

□言語道断

□有象無象

□悪口雑言

□人品骨柄

〔ごんごどうだん〕　もってのほか。「言語道断な話」「言語道断な振る舞い」など。×げんごどうだん。

〔うぞうむぞう〕　とるにたらない人々という蔑称。「有象無象の言うことなんか、信用ならない」など。

〔あっこうぞうごん〕　思いつくかぎりの悪口。「悪口雑言を浴びせかける」「悪口雑言の限りを尽くす」など。

〔じんぴんこつがら〕　その人に備わっている品性。「彼の人品骨

□依怙贔屓

□荒唐無稽

□自業自得

□匹夫之勇

□不倶戴天

柄を疑わざるをえない」など。

〔えこひいき〕　ある者を特別扱いし、かわいがること。「上司の依怙贔屓ぶりに辟易する」など。

〔こうとうむけい〕　根拠のない、とりとめのない話。「荒唐」はおおげさな話、「稽」は考えること。「荒唐無稽な話はよしたまえ」など。

〔じごうじとく〕　自分の悪い行いの報いを受けること。「彼が落ちぶれたのも自業自得だよ」など。

〔ひっぷのゆう〕　思慮分別を欠き、血気にはやるだけのつまらない勇気。「匹夫」は「教養がない人」のこと。「それは匹夫之勇というものだよ」など。

〔ふぐたいてん〕　「倶(とも)に天を戴(いただ)かず」＝「一緒に生きていることもできない」ほど、恨み憎んでいること。「不倶戴天の敵」が決まり文句。

❷ 気持ちと状態を表現するのに便利な四字熟語

●どんな気持ち、どんな状態かわかりますか？

□隠忍自重　〔いんにんじちょう〕　忍耐し、行動を慎むこと。「隠忍自重して機会を待つ」など。

□悲喜交々　〔ひきこもごも〕　喜びと悲しみが交互に訪れること。

□隔靴掻痒　〔かっかそうよう〕　足のかゆいところを靴の上からかくように、もどかしいこと、はがゆいこと。「隔靴掻痒の感がある」など。

□疑心暗鬼　〔ぎしんあんき〕　一度、疑う気持ちが生まれると、すべてが疑わしく思えるさま。「疑心暗鬼になって決断できない」など。

□後生大事
□切歯扼腕
□是々非々
□傍若無人
□周章狼狽
□遅疑逡巡

〔ごしょうだいじ〕　ひじょうに大切にすること。この「後生」は来世の意味。「後生大事に抱え込む」など。
〔せっしやくわん〕　歯ぎしり（切歯）をしたり、自分の腕をつかむ（扼腕）ほどに、怒ったり、悔しがること。「切歯扼腕して悔しがる」など。
〔ぜぜひひ〕　よいことはよい、悪いことは悪いと個々に判断すること。「是々非々で取り組む」など。
〔ぼうじゃくぶじん〕　人のことを考えず、勝手にふるまうさま。「傍若無人なふるまいに迷惑する」など。
〔しゅうしょうろうばい〕　うろたえ、あわてふためくこと。「周章」も「狼狽」も、うろたえることを意味する。
〔ちぎしゅんじゅん〕　物事を疑ったり、判断に迷って、ためらうこと。「遅疑逡巡していると、チャンスを逃がすぞ」など。

□気息奄々
□喧々囂々
□打々発止
□興味津々
□臥薪嘗胆
□虚心坦懐
□欣喜雀躍

〔きそくえんえん〕　息が絶え絶えなさま。
〔けんけんごうごう〕　多くの人が騒ぎたてる様子。議論の形容につかう「侃々諤々（かんかんがくがく）」と混同しないように。
〔ちょうちょうはっし〕　活発に互角に戦うさま。「丁々発止」とも書く。
〔きょうみしんしん〕　たいへん興味があること。「津々」は、次々と（興味が）湧いてくることの形容。
〔がしんしょうたん〕　長い間、悔しい思いを忘れず試練に耐えること。『史記』の故事より。明治時代の三国干渉後、ロシアに対する国民的スローガンのように使われた。
〔きょしんたんかい〕　先入観をもたず、わだかまりのない気持ちで、ものごとに臨む心境。「虚心坦懐に申し上げます」など。
〔きんきじゃくやく〕　スズメがはねるように、小躍りするほどに大喜びすること。

❸ 相手を持ち上げるのに重宝する四字熟語

●人をほめるために心得ておきたい四字熟語です。

□才色兼備

□前途洋洋

□明朗闊達

〔さいしょくけんび〕　優れた才能と美しい容貌（色）の両方を兼ね備えた女性のこと。結婚式で新婦をほめるときの定番語。

〔ぜんとようよう〕　将来が広々と開けている様子。「前途」は将来、「洋洋」は水が満ちているさま。「前途洋洋の青年」は、結婚式で新郎をほめる定番フレーズ。

〔めいろうかったつ〕　明るくさっぱりした性格。「闊達」は、小さな事にこだわらない気持ちの大きさ。人を公の場で紹介するとき、「才気に溢れ、性格は明朗闊達」のように使う。

□眉目秀麗

□精励恪勤

□正正堂堂

□清廉潔白

□志操堅固

〔びもくしゅうれい〕　顔かたちが優れていて、整っているさま。「眉目」は顔立ち。「秀麗」は優れて美しいこと。

〔せいれいかっきん〕　勤勉に仕事に励むこと。「精励」は力を尽くして仕事に励むこと、「恪勤」は職務を全うすること。昇進した人を「長年の精励恪勤が報われ」などと持ち上げる。

〔せいせいどうどう〕　卑怯な手段は取らずに事に臨む、正しく立派な態度。『孫子』にある「正正の旗、堂堂の陣」の略。「正正堂堂たる態度」など。

〔せいれんけっぱく〕　心が清く澄んでいて、私利私欲に心を動かされないこと。「廉」はけじめ、いさぎよいという意味。「清廉潔白な人柄」など。

〔しそうけんご〕　どんなことがあっても、自分の志や主義主張を固く守りぬくこと。「志操」は志、「堅固」は固いこと。

□純情可憐

□春風駘蕩

□余裕綽綽

□悠悠自適

□大器晩成

□博覧強記

〔じゅんじょうかれん〕　心が清らかで、自然のままの愛らしさがある人を形容する言葉。おもに、若い女性の形容に用いられる。

〔しゅんぷうたいとう〕　春の風がのどかに吹くさま。転じて、態度や性格がのんびりした温和な人柄に対しても使われる言葉。

〔よゆうしゃくしゃく〕　落ち着いた態度でゆったりしている様子。「綽綽」は、ゆったりした状態を表す語。

〔ゆうゆうじてき〕　心のおもむくまま、ゆったりとした気持ちで暮らすこと。「自適」は、束縛されることなく気持ちのままに楽しむこと。

〔たいきばんせい〕　偉大な人物は実力を発揮するまでに、時間がかかることのたとえ。出典は『老子』の「大器は晩成なり」。

〔はくらんきょうき〕　書物を読んで物事に広く通じているうえ、よく記憶していること。「博覧」は幅広く本を読んでいること、「強記」は記憶力がよいこと。

□臨機応変

□不朽不滅

□真実一路

□多士済済

□独立独歩

□縦横無尽

〔りんきおうへん〕　移り変わる状況に応じて、適切な処置をとること。旧来の方法にとらわれることなく、現実の変化に即した適当な処理をすること。

〔ふきゅうふめつ〕　年月を経ても、その価値を保ち、朽ち果てることがないこと。「不朽不滅の傑作」など。

〔しんじついちろ〕　ひたすらに真実を求めて生きていくこと。「真実」はまこと、「一路」はひとすじの道を意味する。

〔たしせいせい〕　優秀な人間がたくさんいること。「多士」は多くの人材、「済済」は多くて盛んな様子。

〔どくりつどっぽ〕　人の力を借りることなく、また誰からも束縛されることなく、自分の信じる道を進むこと。「独立独歩の精神」など。

〔じゅうおうむじん〕　思うがままに振舞うこと。「縦横」は縦と横で、「無尽」は限りないという意。「縦横無尽の活躍」など。

□旭日昇天
□疾風迅雷
□泰山北斗
□当意即妙
□苦学力行
□電光石火

〔きょくじつしょうてん〕　朝日が天に昇る様子から、勢いが盛んな様子を表す。「旭日昇天の勢い」など。

〔しっぷうじんらい〕　物事が急変するさま。「疾風」は速度の速い風のこと、「迅雷」は激しい雷のこと。

〔たいざんほくと〕　人びとに尊ばれている大人物、権威を表す語。「泰山」は中国山東省にある名山、「北斗」は北斗星のこと。

〔とういそくみょう〕　その場に応じて、機転をきかせること。また、その場に合わせた言動をすること。仏教語の「当位即妙」に由来する言葉。「当意即妙なやりとり」など。

〔くがくりっこう〕　働きながら学び（苦学）、努力して励む（力行）こと。「苦学力行して学問に励む」など。

〔でんこうせっか〕　行動などが迅速なさま。「電光」は稲妻。「石火」は火打ち石を打ったときに出る火のこと。「電光石火の早業」が定番の使い方。

□粒粒辛苦

□神出鬼没

□国士無双

□抜山蓋世

□金城湯池

□手練手管

〔りゅうりゅうしんく〕 地道に努力すること。「粒粒」は米一粒一粒のことで、それが収穫できるのは、農民の努力や苦労のたまものであることから。

〔しんしゅつきぼつ〕 不意に現れたかと思うと、またすぐに居場所がわからなくなるさま。

〔こくしむそう〕 国内に並ぶ者のいない、優れた人物。漢の劉邦の部下、蕭何（しょうか）が、武将の韓信を称えた故事に由来。

〔ばつざんがいせい〕 「山を抜き、世の中を覆いつくすほどの力」という意。漢の劉邦に包囲された楚の項羽が、虞（ぐ）美人と最後の酒宴を催した際に作った詩から。

〔きんじょうとうち〕 守りのかたい城のこと。「○○県は、うちの会社にとって金城湯池だ」など。

〔てれんてくだ〕 人を思いどおりにする技術。「手練手管にしてやられる」など。

❹ 相手をほめるときに重宝する四字熟語

●格調高くほめるのに便利な四字熟語です。読んでください。

□天衣無縫

□明眸皓歯

□融通無碍

〔てんいむほう〕　天真爛漫なこと。もとは詩歌の表現が自然で、技巧をこらしたあとがないことのたとえ。「天衣無縫なキャラクター」など。

〔めいぼうこうし〕　美人のたとえ。「明眸」は美しい目もと、「皓歯」は「白く美しい歯」。

〔ゆうずうむげ〕　滞らせることなく、ものごとを進め、適切に対応すること。「碍」は「さまたげ」という意味。

□率先垂範

□莫逆之友

□文人墨客

□泰然自若

□大願成就

□順風満帆

□不撓不屈

〔そっせんすいはん〕　人に先駆けて、手本となる例を示すこと。

〔ばくぎゃくのとも〕　親密で信頼できる友。「ばくげきのとも」とも読む。

〔ぶんじんぼっかく〕　文章や書画にすぐれた趣味人。「文人墨客が集まるサロン」など。「ぼっきゃく」ではない。

〔たいぜんじじゃく〕　ゆったり落ち着いている様子。

〔たいがんじょうじゅ〕　大きな願いがかなうこと。「大願成就、おめでとうございます」など。

〔じゅんぷうまんぱん〕　順風(追い風)を受けた船がよくすすむように、物事が順調にすすむという意味。×「まんぽ」。

〔ふとうふくつ〕　どんな困難にも負けないこと。「不撓」は「たわまない」、不屈は「くじけない」という意味。「不撓不屈の精神で挑む」など。

5 できる大人ならマスターしておきたい四字熟語①

●覚えておきたい四字熟語ばかりです。読んでください。

□物見遊山

□上意下達

□門戸開放

□画竜点睛

〔ものみゆさん〕　見物しながら遊ぶこと。この「山」は、もとは山号をもつ寺院のこと。

〔じょういかたつ〕　上の命令が下に伝わること。×「げたつ」。

〔もんこかいほう〕　（貿易などの）出入りを自由にすること。×「もんと」。

〔がりょうてんせい〕　最後の重要な仕上げ。描いた竜に最後に目を入れたところ、天にのぼっていったという故事から。「画竜点睛をかく」など。

□津々浦々

〔つつうらうら〕　あらゆる所。「津」は港、「浦」は海岸という意味。「全国津々浦々まで」など。

□旗幟鮮明

〔きしせんめい〕　立場をはっきりさせること。「幟」はのぼり。「旗幟を鮮明にする」と慣用句型でも使う。

□空中楼閣

〔くうちゅうろうかく〕　土台のない建物のような、根拠のない話や計画。

□群雄割拠

〔ぐんゆうかっきょ〕　さまざまな者が勢力を争い、対立すること。中国古代の戦国時代、各地の君主が割拠して競い合ったことから。

□甲論乙駁

〔こうろんおつばく〕　議論は活発なものの、結論が出ないさま。甲が論じれば、乙が反論するという意味。

□虎視眈々

〔こしたんたん〕　野望を抱いた者がじっと機会をうかがうこと。

□森羅万象

□杯盤狼藉

□矛盾撞着

□意馬心猿

□女人禁制

□異口同音

虎が獲物を狙う様子から。「チャンスを虎視眈々と狙う」など。

〔しんらばんしょう〕　存在するすべてのもの。「森羅」は「無限に並ぶこと」、「象」は「かたちあるもの」。

〔はいばんろうぜき〕　酒宴の乱れ果てた様子を表す語。酒席のあと、杯や皿などの食器が散らかっている様子から。

〔むじゅんどうちゃく〕　話のつじつまが合わないこと。「撞着」はつきあたること、行き詰まること。

〔いばしんえん〕　馬や猿がうるさく騒ぐように、妄執や煩悩にとらわれた人は心の騒ぎを抑えられないことのたとえ。

〔にょにんきんぜい〕　寺院などに女性が入るのを禁ずること。「きんせい」とも読む。「女人禁制の大相撲の土俵」など。

〔いくどうおん〕　口をそろえて言うこと。「異句」と誤記しないように。「異口同音に反対する」など。

6 できる大人ならマスターしておきたい四字熟語②

●知っておきたい四字熟語ばかりです。読んでください。

□門前雀羅

〔もんぜんじゃくら〕　門の前に雀捕りの網を張れるほどに、寂れている様子。誰も訪れる人がいないので、網を張れるというわけ。なお、「門前市をなす」と混同しないように。こちらは、大勢の人が詰めかけている様子。

□天地神明

〔てんちしんめい〕　天地の数多くの神々。「天地神明に誓って」が決まり文句。

□白河夜船

〔しらかわよふね〕　熟睡し、何かが起きても気づかずにいること。この「白河（白川）」は京都の地名。

□中肉中背
□祥月命日
□曖昧模糊
□外様大名
□合従連衡
□焚書坑儒
□不羈奔放

〔ちゅうにくちゅうぜい〕　太りすぎでもやせすぎでもない、背も高からず低からずといった体型。
〔しょうつきめいにち〕　故人が死去した月日と、同じ月日。
〔あいまいもこ〕　ぼんやりして、はっきりしない様子。「曖昧模糊とした答弁」など。
〔とざまだいみょう〕　関ヶ原の戦い以降に、徳川家に従った大名。比喩的に組織内の傍系を「外様」と呼ぶ。
〔がっしょうれんこう〕　時々の情勢に応じて、同盟を結んだり離反したりする策。古代中国で、強国・秦に対抗する同盟策「合従」と、秦と個別同盟を結ぶ「連衡」策があったことから。
〔ふんしょこうじゅ〕　秦の始皇帝が行った思想弾圧。書を焼き、儒者が殺された。暴政の代名詞。
〔ふきほんぽう〕　周囲に左右されず、自由にふるまうこと。「羈」

□阿鼻叫喚

□行雲流水

□怨憎会苦

□会者定離

□偕老同穴

は「つなぐ」と訓読みする。「不羈奔放な性格」など。

〔あびきょうかん〕　阿鼻地獄に落ちた者が苦痛の余りあげる叫び声。そこから、むごたらしい様子。「阿鼻叫喚の巷（ちまた）」など。

〔こううんりゅうすい〕　雲や水のように成り行きにまかせること。

〔おんぞうえく〕　仏教でいう人間の八つの苦しみの一つ。憎い相手とも会わなければならない苦しみのこと。

〔えしゃじょうり〕　仏教で人生の無常を説く言葉。出会った人とも必ず別れるときがくるという意。

〔かいろうどうけつ〕　夫婦が仲睦まじく連れ添うこと。生きているときは偕（とも）に老い、死後は同じ墓「同穴」に入るという意。

7 数字が登場する四字熟語

●数字が登場する四字熟語をまとめました。読んでください。

□一陽来復

□一言一句

□一日千秋

〔いちようらいふく〕　冬至の時期、陰が極まると陽に戻りはじめることから、悪いことが続いたあとには良いことがめぐってくるという意に。

〔いちごんいっく〕　わずかな言葉。「一言一句にこだわる」「一言一句に厳しい」など。

〔いちじつせんしゅう〕　一日を千年に感じるほど、待ち遠しいという意。この「秋」は一年を指す。「一日千秋の思い」など。

□十中八九

□一朝一夕

□贅沢三昧

□一期一会

□十人十色

□百鬼夜行

□緊褌一番

□胸突八丁

〔じっちゅうはっく〕　ほとんど。×「じゅっちゅう」。

〔いっちょういっせき〕　短い時間。「一朝一夕には解決しない」など。×「いちゆう」。

〔ぜいたくざんまい〕　贅沢の限りを尽くすこと。

〔いちごいちえ〕　一生に一度。茶会の心得に由来する言葉。

〔じゅうにんといろ〕　人はそれぞれに違うこと。×「とにんといろ」。

〔ひゃっきやぎょう〕　鬼や妖怪が夜中に行列をつくって歩くことから、大勢の者が奇怪な行動をとること。「ひゃっきやこう」とも読む。

〔きんこんいちばん〕　心をひきしめて、事に当たること。「ここは緊褌一番、がんばりますよ」など。

〔むなつきはっちょう〕　山道で険しい急な坂。そこから、物事を

□六韜三略
□鎧袖一触
□乾坤一擲
□朝三暮四
□笑止千万
□海千山千

成し遂げる際に難関となるところ。「胸突八丁にさしかかる」が定番表現。

〔りくとうさんりゃく〕　もとは古代中国の兵法書『六韜』と『三略』のこと。そこから虎の巻、兵法の極意という意に。

〔がいしゅういっしょく〕　鎧の袖で触れる程度のたやすさで、敵を打ち負かすこと。「鎧袖一触の勢い」など。

〔けんこんいってき〕　運命をかけた一か八かの大勝負。「乾坤」は卜占（ぼくせん）で陰陽の両極、「擲」はサイコロを振ること。「乾坤一擲の戦い」など。

〔ちょうさんぼし〕　目先の差にとらわれ、結果は同じになることに気づかないたとえ。

〔しょうしせんばん〕　話にならないほどおろかな言動。

〔うみせんやません〕　裏も表も知る抜け目ない人。海で千年、山で千年生きた蛇が竜になるという伝説から。

□一網打尽
□傍目八目
□三位一体
□九分九厘
□知行合一
□一瀉千里
□千篇一律

〔いちもうだじん〕 悪人一味などを一挙に捕らえること。一度打った網で、すべての魚を捕ることから。
〔おかめはちもく〕 はたで見ている第三者のほうが物事のよしあしがわかるという意。もとは囲碁用語。「岡目八目」とも書く。
〔さんみいったい〕 三つのものが一つになること。キリスト教の言葉に由来。
〔くぶくりん〕 百のうち九十九。「九分九厘、間違いない」など。×「きゅうぶきゅうりん」。
〔ちこうごういつ〕 陽明学の言葉。知っている知識は実践しなければならないという意。
〔いっしゃせんり〕 物事が早く進むこと。「瀉」とは水が流れること。川の水がたちまち千里の距離を流れるから。
〔せんぺんいちりつ〕 変わり映えしないこと。面白みに欠けること。

●とにかく数字で溢れている四字熟語の世界。□のなかに正しい数字を入れられますか？

□騎当千　□律背反　□穀豊穣　□客万来　□古不易
□臓□腑　□根清浄　□軍万馬　□堂伽藍　永字□法
□方美人　面壁□年　□年一日　読書□遍　□家争鳴
□日天下　冷汗□斗　□書五経　七転□倒　四通□達

〔答え〕

一騎当千　**二**律背反　**五**穀豊穣　**千**客万来　**万**古不易
五臓**六**腑　**六**根清浄　**千**軍万馬　**七**堂伽藍　永字**八**法
八方美人　面壁**九**年　**十**年一日　読書**百**遍　**百**家争鳴
三日天下　冷汗**三**斗（れいかんさんと）　**四**書五経　七転**八**倒　四通**八**達

どちらを書いてもいい漢字

漢字の書き方は、時代によって移り変わります。以下は、先にあげたほうが、いまでは主流の書き方。後ろのほうは、かつて主流だった書き方です。

あによめ↓　**兄嫁・嫂**
いこじ　↓　**意固地・依怙地**
いやみ　↓　**嫌味・厭味**
おんぎ　↓　**恩義・恩誼**
かいり　↓　**海里・浬**
こうさてん↓　**交差点・交叉点**
きふ　↓　**寄付・寄附**

さばく　↓　**砂漠・沙漠**
さんか　↓　**賛歌・讃歌**
にっしょく↓　**日食・日蝕**
ひかげ　↓　**日陰・日蔭**
ひょうさつ↓　**表札・標札**
ようがん　↓　**溶岩・熔岩**

全体に、簡単な漢字を使う方向にシフトしているようです。

第6章　故事成句とことわざはちゃんと覚えることが重要です

できる大人なら、基本的教養として、代表的な故事成句とことわざは、おさえておきたいところ。ただ、それらも慣用句と同様、定型句なので、一文字間違えるだけでも、恥をかくことになりかねません。意味もしっかりおさえながら、読みこなしてください。

1 常識として知っておきたい代表的な故事成句

●知っておきたい故事成句です。意味もしっかりおさえてください。

□登竜門

〔とうりゅうもん〕　立身出世のための関門。中国黄河の「竜門」を上った鯉は竜になるという伝説から。×とりゅうもん。

□杞憂

〔きゆう〕　不必要な取り越し苦労をすること。古代中国の杞国の人々が「空が落ちてくる」と心配したという故事から。

□鼎の軽重を問う

〔かなえ〕　統治者の能力を疑い、その地位を脅かすこと。楚の王が周を軽んじ、周室の宝器である鼎の軽重を問うたという故事から。

□青天の霹靂

□洛陽の紙価を高める

□髀肉の嘆

□李下に冠を正さず

□泣いて馬謖を斬る

〔へきれき〕　突然の大事件や事故から受ける衝撃。晴れ渡った青空（青天）から突然、雷（霹靂）が落ちてくるという意。

〔らくようのしかをたかめる〕　本の売れ行きのよいことのたとえ。中国・晋の時代、左思という詩人が作った詩を書き写す人が多く、洛陽の紙の値段が高くなったという故事から。

〔ひにくのたん〕　活躍の機会がないことを嘆くこと。中国の三国時代、劉備が戦場に出向く機会がなく、髀肉（もも）に無駄な肉がついたと嘆いたことから。

〔りか〕　李の木の下で冠の具合を直すと、李を盗むのではないかと疑われかねない、という意味。そこから、人に疑いをもたれるような行動は避けたほうがいい、という戒めの言葉。

〔ないてばしょくをきる〕　処分するに惜しい人物でも、全体の規律を守るために処分することのたとえ。諸葛孔明が腹心の臣・馬謖の失敗を責め、処刑したことから。

□**隗より始めよ**

□**三顧**の礼

□危急存亡の**秋**

□**出藍**の誉れ

□**九牛**の一毛

□**出師**の表

〔**かいよりはじめよ**〕　大事業をなすには、まずは身近なところから始めよというたとえ。隗という人が王に「人材を得るには、自分のような凡才から重用せよ」と説いた故事に由来。

〔**さんこ**〕　何度も足を運んで礼を尽くし、大役を引き受けてもらうこと。後に蜀の皇帝となる劉備が、諸葛孔明の庵を三度訪ね、軍師に招いたことから。

〔**とき**〕　生き残るか滅びるかの瀬戸際。「秋」を「とき」と読むのは、「秋」が収穫の成果を決める重要な「時」なので。

〔**しゅつらん**〕　弟子のほうが師匠よりも優れていること。「青は藍より出でて藍より青し」と同じ意味。

〔**きゅうぎゅう**〕　ものの数にも入らないほど、とるにたらないこと。「多くの牛のうちの一本の毛」の意から。

〔**すいし**〕　「出師」（出兵）の名分を書き著した文章。諸葛孔明が憂国の思いを秘めて書いた忠誠心あふれる名文から。

❷ 読めるだけで一目おかれる故事成句

●ちょっとハイレベルな故事成句です。意味もしっかりおさえてください。

□鼎の沸くような騒ぎ
□綸言汗の如し
□斗酒なお辞せず
□城下の盟

〔かなえ〕　沸騰するような騒ぎ。「鼎」は、三本足の食べ物を煮る容器。そこから、煮えくり返るような騒動という意味に。
〔りんげん〕　天子の言葉は、出た汗が体内に戻らないように、取り消すことはできないという意。「綸言」は天子の言葉。
〔としゅなおじせず〕　大酒を飲むこと。「斗酒」は一斗の酒。
〔じょうかのめい〕　敵に自領の城近くまで攻め込まれ、やむなく結んだ講和。

□**喪家の狗**

□**亡羊の嘆**

□**管鮑の交わり**

□兵は**詭道**なり

□**奇貨**居くべし

□**嚢中**の物

〔**そうかのいぬ**〕　やつれて元気のない人のたとえ。家が喪中だと、犬は満足に餌をもらえなくなり、元気がなくなるところから。

〔**ぼうようのたん**〕　学問の道はさまざまに分かれていて、真理にたどりつきにくいことのたとえ。逃げた羊を追ったものの、道が多岐に分かれ、見失うことにたとえている。

〔**かんぽうのまじわり**〕　厚い友情のたとえ。管仲と鮑叔牙が幼少のころから生涯変わらない友情を保ったところから。

〔**きどう**〕　軍略は敵の裏をかくことにあるという教え。孫子が著した『兵法』の根幹をなす言葉。

〔**きか**〕　めったにない機会だから、うまく利用しなければならないという意。

〔**のうちゅう**〕　簡単にできることのたとえ。「嚢」（袋）の中を探すようにたやすいという意。

□**亡憂**の物

□**妲己**

□砂上の**楼閣**

□**殷鑑**遠からず

□**黄泉**の客

〔ぼうゆう〕　「酒」の異称。憂いを忘れさせてくれる物という意。

〔だっき〕　悪女、毒婦の代名詞。妲己は、殷の紂王（ちゅうおう）の后。残虐の限りを尽くす、紂王の傍らで、ともに楽しそうに眺めていたと伝えられる。

〔ろうかく〕　長続きしないことや実現不可能なこと。砂の上に建物を建てても、基礎がきちんとしないため、脆い建物になることから。

〔いんかん〕　悪い手本（鑑）はすぐ近くにあるという意味。殷の紂王は暴政を尽くし、周の武王に滅ぼされた。殷の前王朝の夏の桀王も、悪政によって国を滅ぼした。殷の紂王は悪例がすぐそばにあったのに、同じ轍を踏んだことから。

〔よみ〕　死者のこと。中国では、黄色は大地を表す色とされ、「黄泉」は地下にある泉、そこから死の国を表わすようになった。

□琴柱に膠す

□会稽の恥を雪ぐ

□衆寡敵せず

□邯鄲の夢

〔ことじ〕〔にかわ〕　融通がきかないさま。琴の演奏では、琴柱を移動させて音の高低を調節するのに、膠で固定すると調節がきかなくなることから。

〔すすぐ〕　（敗戦の）屈辱を晴らす。中国の春秋時代、越王の勾践は、会稽山で呉王の夫差と戦ったが、敗れ、夫差の家来になった。勾践はその生き恥に耐えながら、ひそかに武力をたくわえ、二十年余り後、夫差を攻め滅ぼしたという故事から。

〔しゅうか〕　少数（寡）では多数（衆）にかなわないということ。

〔かんたんのゆめ〕　栄枯盛衰のはかないたとえ。青年が邯鄲の町でまどろみ、五十年に及ぶ夢を見たが、じつは粟を炊くわずかな時間だったことから。

3 日本語をもっと楽しむための「ことわざ」①

●続いては、ことわざ。悩ましい漢字が登場する言葉ぞろいです。

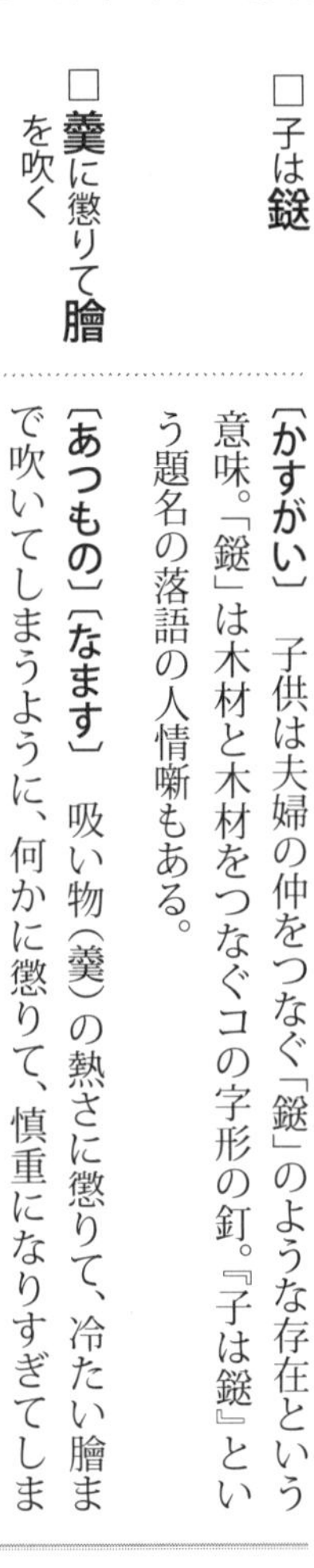

□子は**鎹**

□**羹**に懲りて**膾**を吹く

□鬼の**霍乱**

〔**かすがい**〕　子供は夫婦の仲をつなぐ「鎹」のような存在という意味。「鎹」は木材と木材をつなぐコの字形の釘。『子は鎹』という題名の落語の人情噺もある。

〔**あつもの**〕〔**なます**〕　吸い物（羹）の熱さに懲りて、冷たい膾まで吹いてしまうように、何かに懲りて、慎重になりすぎてしまうことのたとえ。

〔**かくらん**〕　ふだん病気をしたことのない人が、めずらしく病気になることのたとえ。強い鬼が暑気あたり（＝霍乱）になると

□**鑿**と言えば**槌**

□いずれ**菖蒲**か**杜若**

□磯の**鮑**の片思い

□雨後の**筍**

□**驕る**平家は久しからず

いう意から。

〔のみ〕〔つち〕　気がきくことのたとえ。鑿を取ってくれと言うと、鑿を打つのに必要な槌も一緒に出てくるほど、気がきいているという意。

〔あやめ〕〔かきつばた〕　どちらもすばらしくて甲乙つけがたいの意。ともに初夏に花を咲かせ、区別がつきにくいほどよく似ていることから。

〔あわび〕　片思いのたとえ。鮑が一枚貝であることを「相手がいない男女」にたとえた。

〔たけのこ〕　大量に現れること。生長力の強い筍が、雨の降った後には土中から大量に顔を出すことから。

〔おごる〕　栄華を極め、驕った者は、その地位を長く保てず、やがて滅びるときがくるという意。『平家物語』冒頭の言葉の変形。

□小田原**評定**

□毛を吹いて**瑕**を求める

□**栴檀**は双葉より芳し

□**蓼**食う虫も好き好き

□**庇**を貸して母屋を取られる

〔**ひょうじょう**〕　長引くだけで、結論や成果の出ない会議や話し合い。豊臣秀吉が小田原の北条氏を攻めたときの北条氏側の対応から。

〔**きず**〕　人の欠点を探しだそうとして、かえって自分の欠点をさらけ出すことになるという意。

〔**せんだん**〕　大成する人は幼い頃から抜きん出ているという意。この「栴檀」は香木の「白檀」の別名で、芽生えた頃から高い香気を放つことから。

〔**たで**〕　人の好みはさまざまという意。「蓼」のような辛味のある植物にも寄りつく虫がいるところから。

〔**ひさし**〕　一部を貸したばかりに、やがて全部を奪われてしまうことのたとえ。この「庇」は、本来は「軒」という意ではなく、寝殿造りの建物で、「母屋」の周辺にある部屋のこと。

□**瓢箪**から駒

□身から出た**錆**

□憎まれっ子世に**憚る**

□二足の**草鞋**を履く

□人の**褌**で相撲を取る

〔**ひょうたん**〕 思いもよらないことが起きたり、意外なところから意外なものが表れることのたとえ。おもちゃの「独楽」ではなく、「駒」（馬のこと）と書かなければ間違い。

〔**さび**〕 自業自得であることのたとえ。この「錆」は、錆が出て台無しになるような〝悪い結果〟を比喩的に表したもの。

〔**はばかる**〕 人から憎まれるくらいの人間のほうが、世間では幅を利かせるものという意味。

〔**わらじ**〕 一人の人が二つの職業につくこと。江戸時代、裏世界の事情に通じた博徒が十手を預かることがあったことに由来するとみられる。

〔**ふんどし**〕 人の地位やものを利用して、自分の利益になるように振る舞うこと。

4 日本語をもっと楽しむための「ことわざ」②

●悩ましい漢字が登場する言葉ぞろいです。読んでください。

□目の上の**瘤**

〔**こぶ**〕　自分よりも地位や実力が上の者が邪魔になることのたとえ。

□帯に短し**襷**に長し

〔**たすき**〕　中途半端で役立たない。帯にするには短すぎるし、襷にするには長すぎるというところから。

□**山椒**は小粒でぴりりと辛い

〔**さんしょう**〕　体は小さくても、能力がある人の形容。

□三人寄れば**文殊**の知恵

〔**もんじゅ**〕　平凡な人間でも三人集まればいい知恵が浮かぶという意。「文殊の知恵」は、仏の中でも最も知恵があるとされる文殊菩薩の知恵という意味。

□袖振り合うも**他生**の縁

〔**たしょう**〕　人との縁は大事にしなければならないという意。この世で起こることは、他生（前世と来世）の宿縁によって起きるという考え方から。

□**垢**も身の内

〔**あか**〕　長風呂で、体を不必要なまでに丁寧に洗う人を冷やかす言葉。

□**伊達**の薄着

〔**だて**〕　やせ我慢して薄着し、恰好をつけるという意。

□角を**矯めて**牛を殺す

〔**ためて**〕　ささいな欠点にこだわり、長所を損なってしまうという意。中国の古書『玄中記』の故事に由来する。

□**糠**に釘

〔**ぬか**〕　効果がないことのたとえ。忠告や意見を聞き入れてもらえないことのたとえ。米糠に釘を打ち込んだところで、効果も手ごたえもないところから。

□**暖簾**に腕押し

〔**のれん**〕　手ごたえも張り合いもない状況のたとえ。

□坊主憎けりゃ**袈裟**まで憎い

□元の**木阿弥**

□**破れ鍋**に綴じ蓋

□雨垂れ石を**穿つ**

□勝って**兜**の緒を締めよ

□口は**禍**の門

〔**けさ**〕　相手を憎むあまり、その人間に関係するものすべてが憎くなること。

〔**もくあみ**〕　努力や苦労が無駄になり、元の状態に戻ってしまうことのたとえ。「木阿弥」は、戦国時代、武将の影武者をつとめた僧の名前という説がある。

〔**われなべ**〕　どんな鍋にもそれにふさわしい蓋があるという意味。そこから、どんな人にもそれにふさわしい相手がいるという意味で使われる。「綴じ蓋」は壊れた部分を修繕した（綴じた）蓋のこと。

〔**うがつ**〕　地道に努力すれば、やがては成功につながるという意。雨垂れでも、長い年月の間には、石に穴をあけるところから。

〔**かぶと**〕　成功しても油断してはならないという戒め。

〔**わざわい**〕　言葉に気をつけないと、思わぬ禍を招くことがあるという戒め。

□亭主の好きな赤**烏帽子**

〔**えぼし**〕　家長の言うことは、たとえ非常識でも通ることのたとえ。烏帽子はふつう黒塗りだが、一家の主人が赤を好めば、家族は従わざるを得ないという意。

□**紺屋**の白袴

〔**こうや**〕　人のことで忙しく、自分のことをできないことのたとえ。「医者の不養生」と同じ意味。「紺屋」は染物屋のこと。「こんや」とも読む。

□太鼓も**撥**の当たりよう

〔**ばち**〕　こちらの出方によって、相手の反応が変わること。太鼓の音は、撥の当て方によって大きく変わることから。

□**竈**の下の灰まで

〔**かまど**〕　家の中の物は残らずすべて。「竈の下の灰まで持っていく」といえば、借金取りなどが家の中のものすべてを運び出すこと。

✐人に使うと失礼になる五大ことわざ

※次の五つのことわざは、自分のことには使えても、人に対して使うと、失礼になってしまいます。ご注意のほど。

□**猿も木から落ちる**――相手を「猿」にたとえることになるので、「先輩が失敗するなんて、まさしく猿も木から落ちるですね」などと、人に対して使うことはできない。相手を褒めるつもりなら「弘法も筆の誤り」を用いたい。

□**鳶が鷹を生む**――子供（鷹）を褒めても、親（鳶）をけなすことになってしまうので、人に対しては使えない。

□**蛙の子は蛙**――親子そろって「蛙」のようなとるに足らない存在ということになるので、使えない。

□**枯れ木も山の賑わい**――相手を「枯れ木」にたとえることになるので使えない。

□**団栗の背比べ**――「どんぐり」は平凡なもののたとえなので、相手を凡庸な者の集まりといっていることになってしまう。

5 動物が主役をつとめる「ことわざ」

●読めますか？　意味はわかりますか？

□蟷螂の斧

〔とうろう〕　自分の弱さをわきまえずに、強敵に立ち向かうことのたとえ。「蟷螂」の訓読みは「カマキリ」。

□月と鼈

〔すっぽん〕　形は一見似ているようでも、大きな違い、大差があるという意。

□雑魚の魚交じり

〔ざこ〕〔とと〕　大物の中に場違いな小物が混じっていることのたとえ。

□商いは牛の涎

〔よだれ〕　商売は気長につづけるのが大事という意。

□後の**雁**が先になる

□**虻蜂**とらず

□**鼬**の最後っ屁

□**鰯**の頭も信心から

□**鵜**の目**鷹**の目

□虎を**野**に放つ

□**蛇**の道は**蛇**

〔**かり**〕　後から来た者に追い越されること。

〔**あぶはち**〕　虻と蜂の両方をとろうとすると、どちらもとれないところから、「二兎を追う者、一兎をも得ず」と同じ意味。

〔**いたち**〕　難を逃れるために最後の非常手段に出ること。

〔**いわし**〕　つまらない宗教などを頑(かたく)なに信じ込んでいる人を笑う言葉。「いわし」の頭のようなものでも、御利益があると思う人には、信仰の対象になるという意。

〔**う**〕〔**たか**〕　モノを探す鋭い目つき。鵜が水中で、鷹が高い所から、目敏(めざと)く獲物を発見することから。

〔**の**〕　力のある者を自由にさせること、あるいは危険なものを放置することのたとえ。この「野」を「や」と読まないように。

〔**じゃ**〕〔**へび**〕　同類の者は、事情をよく知り合っていることのたとえ。「じゃ」は大蛇のことで、大蛇の通る道は同類の小さな

□柳の下に**泥鰌**は居らぬ

□**蟹**は甲羅に似せて穴を掘る

□**百足**の仕度

蛇がよく知っているという意。

〔どじょう〕　同じ方法で、いつもうまくいくとは限らないことのたとえ。

〔かに〕　人はそれぞれの身分や能力に応じた願望を抱き、行動をとるものという意。蟹が甲羅のサイズに合わせた穴を掘るところから。

〔むかで〕　のろのろと準備に手間取ることのたとえ。「百足」が旅支度を始めたとしたら、多数の草鞋をはくのに時間がかかるだろうというシャレ言葉。

第7章　日本人なら読みこなしたい「和」の漢字です

昔の人は、日本生まれの言葉も、漢字で表してきました。たとえば、「疾風」。「はやて」という大和言葉に、「疾風」という漢字を当てたので、漢字本来の発音からすると、かけ離れた読み方をすることになりました。

こうした熟語の作り方、読み方を「熟字訓（じゅくじくん）」と呼びます。この項で扱う「大和言葉」は、まさしく熟字訓の宝庫。一筋縄では読めない言葉ぞろいなので、しっかりチェックしてください。

1 大和言葉は現代人にとっての最大の強敵

●まずは風流な大和言葉から。スラスラ読みたい漢字ばかりです。

□暮れ泥む
□空蝉
□相半ばする
□泡沫の恋

〔くれなずむ〕 日が暮れそうなのに、なかなか暮れずにいるようす。「泥む」は、滞って進まない様子の形容。

〔うつせみ〕 蝉の脱け殻。そこから、儚(はかな)いこの世のたとえに用いられる。『源氏物語』の巻名の一つでもある。

〔あいなかばする〕 二つのものが同じくらいのさま。「賛否相半ばする問題」など。

〔うたかたのこい〕 水に浮かぶ泡のように、はかなく消えやす

□築山

□澪標

□河岸

□黄昏

い恋。「泡沫（ほうまつ）候補」というときは、音読みする。「泡」「沫」ともに「あわ」という訓読みがある。

〔つきやま〕　庭園に土砂などを小高く築き、山に見立てたもの。×「ちくやま」。

〔みおつくし〕　河川や港の水路を示すために、立てられた杭。『源氏物語』の巻名のひとつ。かつての朝の連続ドラマのタイトルでもある。

〔かし〕　東京の築地市場のような魚河岸（鮮魚市場）のこと。「かわぎし」と読んで、川の岸辺を意味することもある。混同を避けるため、「かわぎし」と読ませたいときには「川岸」と書いたほうがいい。

〔たそがれ〕　夕方のこと。比喩的に「（物事の）終わりかけ」という意味でも使う。「西洋の黄昏」「近代の黄昏」など。

□夕映え

□木陰

□麗らか

□萌える

□面映ゆい

〔ゆうばえ〕　夕日に照らされて、物が美しく見えるさま。「夕映えに包まれる」「夕映えに染まる」など。

〔こかげ〕　木の陰。「木立」「木霊（こだま）」「木漏れ日」など、大和言葉には「木」を「こ」と読む言葉が多い。

〔うららか〕　空が穏やかに晴れ渡っているさま。春の日の形容によく使う。「麗らかな春の日差し」など。

〔もえる〕　草木が芽生えてくる。「若葉が萌える」など。「萌む」と書くと「めぐむ」と読む。

〔おもはゆい〕　照れくさくて、きまりが悪い。「人前でほめられると、どうにも面映ゆい」など。

●読みこなしたい和風の言葉はまだまだあります。

□**海原**　ひろい海。「大海原をゆうゆうと泳ぐ」など。〔うなばら〕

□**東雲**　明け方の東の空。〔しののめ〕

□**寄生木**　他の木に寄生して生長する木。〔やどりぎ〕

□**浜木綿**　海辺に咲く白い花。×「はまもめん」。〔はまゆう〕

□**船縁**　文字どおり、船のへり。〔ふなべり〕

□**真砂**　細かく小さな砂。「浜の真砂は尽きるとも」など。〔まさご〕

□**滴る**　水が雫(しずく)になって落ちること。「水も滴るいい男」など。〔したたる〕

□**星屑**　たくさんの星。スターダストのこと。〔ほしくず〕

□**畦道**　田んぼのあいだの細い道。〔あぜみち〕

□**囀る**　鳥が鳴きつづける。〔さえずる〕

□**田圃**　水田。「圃」には、菜園や畑という意味がある。「でんぽ」とも読む。〔たんぼ〕

□**枝垂れ桜**　枝が細く、垂れ下がって咲く桜。〔しだれざくら〕

2 大和言葉を使って上品にほめてみよう

●大和言葉で人をほめることができますか？　読んでください。

□恭しい

〔うやうやしい〕　礼儀正しく、丁寧である。「恭しく接する」など。

□淑やか

〔しとやか〕　上品で落ち着いている様子。「淑女」の「淑」。

□小気味よい

〔こきみよい〕　鮮やかで気持ちいい。「小気味よいふるまい」など。

□瑞々しい

〔みずみずしい〕　新鮮で生き生きとしている。

□凛々しい

〔りりしい〕　態度や表情がひきしまっている。「凛々しい表情」「凛々しい若武者」など。

□栄えある

□清々しい

□初々しい

□類無い

□一角

□柳腰

□鯔背

〔はえある〕　名誉がある。「栄えある優勝トロフィー」など。「栄えある」を「さかえある」と誤読しないように。

〔すがすがしい〕　さわやかで気持ちがいいこと。「清々しい朝の空気」「清々しい汗」など。なお動詞の「清々する」は「せいせいする」と読む。

〔ういういしい〕　世間づれしてなく、新鮮なさま。「初産」「初孫」も、「初」を「うい」と読む。

〔たぐいない〕　比べるものがないほど、すばらしい。「類無い成功」など。

〔ひとかど〕　ひときわ優れているという意。「一角の人物」など。

〔やなぎごし〕　柳のようにほっそりとした腰つき。

〔いなせ〕　粋な様子。「鯔」は魚のボラで、江戸時代、気風のいい若者たちの間で、鯔の背びれに似た形の髷がはやったことから。

3 日本人なら雅びに読みこなしたい和風の漢字①

●読めますか？　なんのことでしょう？

□清水焼

□常滑焼

□般若

□母屋

〔きよみずやき〕　京都の清水（きよみず）・五条坂あたりで産出された京焼。×「しみずやき」。

〔とこなめやき〕　愛知県の常滑付近で産出される陶磁器。

〔はんにゃ〕　恐ろしい顔つきをした鬼女。「般若の面」「般若のような顔」など。

〔おもや〕　家の建物の中心となる部分。「廂（ひさし）を貸して母屋を取られる」など。

□枝折戸

□細雪

□十六夜

□弥生

□神無月

□霜月

□酉の市

□初音

〔しおりど〕　木や竹の枝を編んで作った簡素な戸。いまも、和風庭園の入り口などで見かける。

〔ささめゆき〕　細かく降る雪。谷崎潤一郎の小説の題名にも使われている。

〔いざよい〕　陰暦の「十六日」の夜。

〔やよい〕　陰暦の三月。現在の暦では四月頃。

〔かんなづき〕　陰暦の十月。この月には、八百万（やおよろず）の神々が出雲大社に集まり、他の国は神がいなくなると考えられていたところから。

〔しもつき〕　陰暦の十一月の別名。現在の暦でいえば、十二月頃。

〔とりのいち〕　十一月の「酉」の日、鷲（おおとり）神社で行われる祭り。

〔はつね〕　ウグイスやホトトギスなどが、その年に初めて鳴く声。「鶯の初音を聞く」など。

□一年
□殿方
□御捻り
□古強者
□熨斗
□上棟式

〔ひととせ〕　一年間。むろん「いちねん」とも読む。「思えば、あれから一年過ぎた」など。
〔とのがた〕　女性が男性を丁重に言うときの敬称。温泉旅館の大浴場の前には、こう記した暖簾がかかっているもの。
〔おひねり〕　お金やお米を紙につつんで捻ったもの。神仏に供えたり、ご祝儀として芸人に渡したりする。
〔ふるつわもの〕　多くの実戦経験を積んだ老練の武士。そこから、戦いに限らず、経験を積んで事情に通じている人を指すようになった。
〔のし〕　進物に添える縁起物。昔は、鮑(あわび)の肉を薄くはぎ、「熨した」(引きのばした)ものを指した。
〔じょうとうしき〕　家を建築中、棟木(むなぎ)をあげる際、完成まで災いがおこらないように祈る儀式。「棟上式(むねあげしき)」ともいう。

4 日本人なら雅びに読みこなしたい和風の漢字②

●読めますか？　なんのことでしょう？

□破風

□鹿威し

□十二単

〔はふ〕　日本建築で、屋根につけられる山の形をした装飾板。「唐破風(からはふ)」など。

〔ししおどし〕　竹に流水がたまると「カーン！」と鳴る仕掛け。昔は、作物を荒らす獣や鳥を脅す道具だったが、いまは風流な庭園装置。×「しかおどし」。

〔じゅうにひとえ〕　平安時代の女官や女房の装束。単衣(ひとえぎぬ)の上に重袿(かさねうちぎ)を何枚も重ねて着たことから。

□旋頭歌

□潮騒

□校倉造り

□常磐津

□土師器

□丹塗り

□長押

□伝馬船

〔せどうか〕　和歌の一種。「五・七・七、五・七・七」からなり、短歌（三十一文字）よりも、七文字多い。万葉集などに収録されている。

〔しおさい〕　波の音。三島由紀夫の小説のタイトルでもある。

〔あぜくらづくり〕　正倉院、東大寺、東寺などに残る建築様式。角材を横に組んで壁を造る。

〔ときわず〕　浄瑠璃節の一派。常盤津文字太夫（もじだゆう）が創始したところから、この名に。

〔はじき〕　古墳時代以後の素焼きの土器。

〔にぬり〕　赤く塗ったもの。「丹」には赤色の土という意味がある。「丹塗りの柱」など。

〔なげし〕　日本建築で、壁の上に渡す横木。床の間の上部の装飾。

〔てんません〕　甲板がない小型の木造船。はしけぶね。荷物など

□勾玉

□桟敷

□潜り戸

□仕舞屋

□本卦還り

を運んだ。

〔まがたま〕　古代の装身具の一つ。穴をあけ、紐を通して首にかけていたとみられる。

〔さじき〕　芝居や祭り見物のため、一段高いところに設けられた席。「桟敷席」「天井桟敷」など。

〔くぐりど〕　出入りするときに、頭を下げ、くぐるようにして通る小さな出入口。

〔しもたや〕　商売をやめた家。商売をしていない家。「しもうたや」とも読む。

〔ほんけがえり〕　還暦のこと。「本卦」は生まれた年の干支のこと。

●引き続き、和風の言葉です。読んでください。

□芭蕉布　多年草のバショウの繊維で織った布。〔ばしょうふ〕

□繻子　布の表面に光沢がある織物。〔しゅす〕

□単　裏をつけない和服。夏から初秋にかけて着る。〔ひとえ〕

□隈取り　歌舞伎役者が顔に入れる色模様。〔くまどり〕

□入相の鐘　夕暮れにつく鐘。〔いりあいのかね〕

□雪隠　便所のこと。もとは禅宗寺院の言葉。〔せっちん〕

□外題　表題や題目、とくに芝居の題のこと。〔げだい〕

□初陣　初めて戦いに出ること。「初陣を飾る」など。〔ういじん〕

□端唄　三味線を伴奏にして唄う短い俗謡。これから「小唄」が生まれた。〔はうた〕

□築地塀　上部に瓦を葺いた塀。塀の部分は泥などを固めてつくる。〔ついじべい〕

□手水鉢　手や顔を洗うための水をためておく鉢。〔ちょうずばち〕

□薙刀　反った刃に長い柄をつけた武器。「長刀」とも書く。〔なぎなた〕

□**友禅**　京都の画工、宮崎友禅が創始した「友禅染め」の略。〔ゆうぜん〕

□**雪洞**　紙張りのおおいをつけた小形のロウソク立て。〔ぼんぼり〕

□**鼈甲**　カメ類の甲羅。クシやメガネなどの素材として使われる。〔べっこう〕

□**遥拝**　遠い場所（遥か）から拝むこと。「皇居を遥拝する」など。〔ようはい〕

□**進物**　贈り物のこと。〔しんもつ〕

□**お食い初め**　赤ん坊に初めてご飯を食べさせる儀式。〔おくいぞめ〕

□**竿灯**　秋田県の七夕祭り。東北三大祭りのひとつ。〔かんとう〕

□**流鏑馬**　馬を走らせながら矢を射る日本古来の武芸。〔やぶさめ〕

□**厨子**　仏像や経典などをおさめておく仏具。国宝「玉虫の厨子」など。〔ずし〕

□**揮毫**　毫は筆のこと。それを揮って、書画をかくという意味。〔きごう〕

□**合掌**　神仏に祈るときに掌を合わせること。〔がっしょう〕

□**湯治**　病気を治すために温泉にはいること。〔とうじ〕

□**内裏**　天皇の住む御殿。御所、皇居。「お内裏様」など。〔だいり〕

5 よくない意味の大和言葉もあります

●読めますか？　どんな意味か知っていますか？

□脂下がる

□姥桜

□唐変木

〔やにさがる〕　いい気になってニヤニヤする。もとは、キセルを雁首を下げるような恰好でくわえるさま。「なに、脂下がってんだよ」は時代劇によく出てくるセリフ。

〔うばざくら〕　女盛りを過ぎても、色気がある女性。もとは、葉よりも先に花が咲く桜のことで、葉がないことを「歯無し」にかけたという説がある。

〔とうへんぼく〕　偏屈で気のきかない者。物分かりの悪い人物を罵る言葉。

□表六玉

□如何様

□徒花

□腰巾着

〔ひょうろくだま〕　間抜けな人を嘲っていう言葉。

〔いかさま〕　偽物。インチキ。なお、「いかよう」と読むと、「どのように」という意味→「如何様にでも」。

〔あだばな〕　物事が実を結ばないことの形容。本来は、咲いても実がならない花のこと。「時代の徒花に終わる」など。「徒」を使う語は、ほかに「徒心《あだごころ》」（移ろいやすい心）、「徒波《あだなみ》」（無駄に立ち騒ぐ波）など。

〔こしぎんちゃく〕　たえず実力者にまとわりついて、離れない人。

6 天気や季節を表す和風の漢字

●天気や季節を表す和風の言葉です。読めますか？

□疾風

□野分

□颪

〔はやて〕　不意にはげしく吹き起こる風。「疾風のように去っていく」など。熟字訓の代表格。音読みすると「しっぷう」→「疾風、吹きすさぶ」など。

〔のわき〕　台風、強風。野の草をかき分けるようにして吹く強い風という意。「のわけ」とも読む。

〔おろし〕　山から吹き降ろす風。「比叡颪」は、比叡山から京都の町に吹き下ろす風。「六甲颪」は、六甲山から神戸市街などに吹く風。

□春雨

□常夏

□時雨

□陽炎

□夕靄

□蜃気楼

□朧月夜

〔はるさめ〕　春、静かに降る雨。中華料理などに使われる「春雨」は、この雨のそぼ降る様子から名づけられた。「春雨じゃ濡れて行こう」など。

〔とこなつ〕　夏のような気候が一年中続くこと。

〔しぐれ〕　降ったりやんだりする小雨。通り雨。「時雨月」は陰暦十月の別名。「蝉時雨」など、比喩的にも使う。

〔かげろう〕　空気がゆらゆら立ちのぼる現象。朝と昼の気温差が大きい季節に起きやすい。

〔ゆうもや〕　夕方に立ち込める靄。一方、朝に立ち込めるのは朝靄（あさもや）。

〔しんきろう〕　海の上や砂漠などで、見えるはずもないものが、見える自然現象。「不思議の海、富山湾の蜃気楼」など。

〔おぼろづきよ〕　月の光がぼんやりかすんでみえる夜。春の夜に多い。「朧」は「朦朧（もうろう）」という熟語にも使われるように、はっき

□白夜

□驟雨

□東風

□翳り

□薄氷

□凩

りしないという意。

〔びゃくや〕　夜になっても、空が明るい現象。高緯度の北極圏・南極圏でみられる。「はくや」とも読む。

〔しゅうう〕　にわか雨。夕立。「驟雨に見舞われる」など。「驟せる」で「はせる」と読む。

〔こち〕　東から吹いてくる風。「とうふう」でも間違いではない。なお「南風」は「はえ」あるいは「なんぷう」と読む。

〔かげり〕　かげること。「太陽が翳りはじめる」など。「陰り」とも書く。

〔うすらい〕　水面に薄く張った氷。春先を表す言葉。「うすごおり」とも読む。

〔こがらし〕　冬場に吹く冷たく強い風。「木枯らし」とも書く。「凩吹きすさぶ季節」。

●引き続き、天気や季節を表す言葉。しっかりマスターしておきたい言葉ばかりです。

□凪　風がやんで、波が静かになること。「瀬戸の夕凪」など。〔なぎ〕
□霰　冬に降る氷の粒。「霰やこんこ」など。〔あられ〕
□霙　雨まじりの雪。〔みぞれ〕
□雹　雷雨時に降る大きな氷の粒・塊。〔ひょう〕
□五月雨　陰暦の五月に降る雨。「五月雨を集めて早し最上川」は芭蕉の句。〔さみだれ〕
□薫風　おだやかな南風。〔くんぷう〕
□曇天　曇り空のこと。〔どんてん〕
□氷柱　軒先などに棒状に垂れ下がる氷。〔つらら〕
□雨脚　雨の降り方を形容する語。「雨脚が早まる」が定番の使い方。〔あまあし〕
□小糠雨　ひじょうに細かい雨。「小糠雨降る御堂筋」など。〔こぬかあめ〕
□酷暑　耐えがたいほどの暑さ。なお「極暑」は「ごくしょ」と読む。〔こくしょ〕
□炎暑　真夏のきびしい暑さ。〔えんしょ〕

7 「二十四節気」の漢字を読めますか？

「二十四節気」は、陰暦の季節の区分。二月初めに春が始まる（立春）など、日本人の実感とは若干のずれがあるのは、古代中国で作られ、向こうの季節に合わせてあるからです。それでも古来、わが国でも季節の目安として用いられてきたのは、気の早い日本人には、ぴったりだったからでしょうか。日本人が古くから親しみ、いまもよく耳にする「二十四節気」、読めるでしょうか？

〔春〕

□立春　2月4日頃。暦の上では春が始まる日。〔りっしゅん〕

□雨水　2月19日頃。雪が雨になる時期。〔うすい〕

□啓蟄　3月6日頃。冬ごもりしていた虫が這い出てくる時期。〔けいちつ〕

□春分　3月21日頃。昼と夜の長さが等しくなる。〔しゅんぶん〕

□清明　4月5日頃。空気が清く、光が明るくなる季節。〔せいめい〕

□穀雨　4月20日頃。春雨が降り、穀物を潤す時期。〔こくう〕

〔夏〕

□立夏　5月6日頃。夏が始まる日。〔りっか〕

□小満　5月21日頃。作物が実りはじめる。〔しょうまん〕

□芒種　6月6日頃。麦（芒（のぎ）がある）が成長する。〔ぼうしゅ〕

□夏至　6月21日頃。昼が最も長い日。〔げし〕

□小暑　7月7日頃。本格的に暑くなりはじめる。〔しょうしょ〕

□大暑　7月23日頃。最も暑い時期。〔たいしょ〕

〔秋〕

□立秋　8月8日頃。暦の上では秋の始まり。〔りっしゅう〕

□処暑　8月23日頃。暑さも終わる時期。〔しょしょ〕

□白露　9月8日頃。気温が下がり、露が降りはじめる。〔はくろ〕

□秋分　9月23日頃。昼と夜の長さが等しくなる。〔しゅうぶん〕

□寒露　10月8日頃。露がいよいよ冷たくなってくる。〔かんろ〕

□霜降　10月23日頃。初霜が降りる。〔そうこう〕

〔冬〕

□立冬　11月7日頃。暦の上では冬が始まる。〔りっとう〕

□小雪　11月22日頃。雪が降りはじめる。〔しょうせつ〕

□大雪　12月7日頃。雪が多く降る。〔たいせつ〕

□冬至　12月22日頃。昼が最も短い日。〔とうじ〕

□小寒　1月5日頃。寒の入り。〔しょうかん〕

□大寒　1月20日頃。最も寒い頃。〔だいかん〕

●いろいろな「色」の名前です――読めますか？

□**鈍色**　濃いねずみ色。昔の喪服には、この色が使われた。〔にびいろ〕

□**浅葱色**　水色、あるいは緑がかった藍色。〔あさぎいろ〕

□**群青色**　あざやかな藍色がかった青い色。〔ぐんじょういろ〕

□**茜色**　ちょっと暗めの赤。もとは、山草の茜の根で染めた色。〔あかねいろ〕

□**琥珀色**　半透明の褐色・黄色。ウイスキーの色の代名詞。〔こはくいろ〕

□**紺碧**　黒味を帯びた藍色。「紺」「碧」にも同様の意がある。〔こんぺき〕

□**深紅**　濃い紅色。真っ赤。「深紅の大優勝旗」など。〔しんく〕

□**灰白色**　灰色がかった白色。〔かいはくしょく〕

□**濃紫**　濃い小豆色を帯びた紫色。〔こむらさき〕

□**萌黄色**　やや黄色がかった緑色。萌葱とも書く。〔もえぎいろ〕

□**鶯色**　鶯の背に似て緑と黒茶色が混じった色。〔うぐいすいろ〕

第8章　たった一文字なのに簡単には読めない漢字です

一文字の漢字は、意外な強敵。古い大和言葉に漢字を当てたものが多いため、耳慣れた音読みとはかけ離れた読み方をするからです。この章で、大事なポイントを整理しましょう。

1 よく耳にするのに、案外読めない漢字

●まずは、意外と読めない一文字漢字から。読んでください。

□邪

□栞

□袂

□躾

〔よこしま〕　悪いこと。「邪な気持ち」など。

〔しおり〕　本の間に挟んで目印とする紙。あるいは、簡単な手引書のことも指す→「旅の栞」。

〔たもと〕　和服の長く垂れた袖。「袂を分かつ」は別れること、縁を切ること。

〔しつけ〕　礼儀作法を教え込むこと。「躾がなっていない」「躾が行き届く」など。

□殿

□畏

□絆

□柩

□訛

□磔

□万

□古

〔しんがり〕　こう読むと、軍隊の最後尾で、追ってくる敵を防ぐ部隊。「殿を務める」など。もちろん、「との」とも読む。

〔かしこ〕　女性が手紙の最後に書く言葉。「あなかしこ」の略。

〔きずな〕　心の結びつき。もとは、馬や犬をつないでおく綱のこと。動詞の「絆す」は「ほだす」と読む。

〔ひつぎ〕　死体を入れて葬るための棺桶。

〔なまり〕　地方特有の発音。「訛りは国の手形」は、訛りを聞けば出身地がわかるという意味。

〔はりつけ〕　罪人を柱に縛りつけ、槍で刺し殺す刑罰。「獄門磔の刑」など。

〔よろず〕　なんでもすべて。「万、承ります」など。「万屋」は「なんでも屋」のこと。

〔いにしえ〕　過ぎ去った昔。「往にし」という古語を名詞化し、

□俤

□囮

□錨

□頁

□紬

「古」という漢字を当てたもの。

〔おもかげ〕 目前にはないのに、ありそうに見える顔や姿。「亡き母の俤がある」など。「面影」も「おもかげ」と読む（22頁参照）。

〔おとり〕 誘い寄せるための道具や人。もとは、鳥や獣を捕えるときに使う同類の鳥獣のこと。「大将自ら囮となって、敵をおびき寄せる」など。

〔いかり〕 船を一定の場所にとどめておくため、海底に沈めるおもり。「錨を上げる」は出航すること。「錨を下ろす」は停泊すること。

〔ページ〕 書籍などの「ページ」。

〔つむぎ〕 絹織物の一種。大島紬、結城紬など。

✐いろいろな「みち」、ご存じですか？

「みち」と読む漢字は多数あります。以下はその代表例。どんな「みち」か、イメージできますか？

□道——人や車が往来するみち、すべてに使われる。また「人の道」「天道」など、比喩的な言葉でも、おおむねこの漢字が使われる。

□路——これも、大小にかかわらず使えるみち。

□径——こみち、ほそみちを意味する。「森の径」「山の径」のように。

□途——小さい道ではあるが、目標に至るみちというニュアンスを含んでいる
→途中、途上。

□軌——「みち」のほか、「わだち」とも読む。車の通るみち、あるいはその跡のこと。

●一文字で表す「道具の名前」です。読んでください。

□凧　「凧上げの凧」のこと。魚のタコは蛸、あるいは章魚と書く。　〔たこ〕

□硯　墨をするための道具。「すみすり」がつまって「すずり」になった。　〔すずり〕

□膠　接着剤、染色などに用いる獣や魚の骨、皮などから抽出した物質。　〔にかわ〕

□褥　座布団や敷布団。座るときや寝るときに下に敷くもの。　〔しとね〕

□紐　物を束ねるヒモのこと。　〔ひも〕

□鞄　書類などを入れて運ぶ道具。日本生まれの国字。　〔かばん〕

□簪　女性が髪の毛にさす装飾品。カミサシが変化した語。　〔かんざし〕

□櫛　髪をとかす道具。　〔くし〕

●「建物」周辺の一文字言葉です。読んでください。

□庇　窓などの上にある日や雨を防ぐ小屋根。「廂」とも書く。〔ひさし〕

□甍　瓦葺きの屋根。「甍の波」は日本家屋の屋根が続くさまの形容。〔いらか〕

□襖　木で骨を組み、紙などを貼った部屋の仕切り。〔ふすま〕

□厠　便所のこと。川の上につくったことが語源。〔かわや〕

□厩　馬を飼う小屋。「厩戸皇子」は聖徳太子のこと。〔うまや〕

□閂　門の扉が開かないようにする横木。〔かんぬき〕

□樋　雨水などを屋根から地上に流すための筒。「ひ」と読んでも同じ意味。〔とい〕

□廓　遊廓。または、城中の広くなった場所。〔くるわ〕

□黴　腐った物の表面に出るカビ。音読みは「黴菌」の「ばい」。〔かび〕

□簾　日除けや目隠しに使うため、竹などを編んだもの。〔すだれ〕

□轍　轍道に残った車輪の跡。〔わだち〕

●「人」と「自然」に関係する一文字言葉です。読んでください。

□**踝**　足首の側面にある骨の突起。〔くるぶし〕

□**肘**　腕の関節とその周辺部分。「肘鉄砲」など。〔ひじ〕

□**頸**　首のこと。「頸動脈」は首にある動脈。〔くび〕

□**喉**　口の奥の食道と気管に通じる部分。〔のど〕

□**鼾**　眠っているときに、鼻や口から出る音。〔いびき〕

□**泪**　目から出る涙。「泪橋」など。〔なみだ〕

□**蹄**　牛や馬などの爪。「ひずめ」を補強する金具が「蹄鉄（ていてつ）」。〔ひづめ〕

□**屍**　なきがらのこと。「かばね」とも読む。〔しかばね〕

□**霞**　空気中の粒子によって、遠くがぼやける現象。〔かすみ〕

□**梢**　木の幹や枝の先。〔こずえ〕

□**黍**　イネ科の穀物。「唐黍（とう）」はトウモロコシの別名。〔きび〕

□**粟**　イネ科の穀物で、黄色い小粒の実がなる。〔あわ〕

□**稗**　やはり、イネ科の植物。やせた土地でも育つ。　**〔ひえ〕**

□**蔦**　樹木や石垣などを這いのぼって生長する植物。　**〔つた〕**

□**蕾**　花がひらく前の状態。「花なら蕾」など。　**〔つぼみ〕**

□**楓**　秋に紅葉する樹木。　**〔かえで〕**

□**汐**　海の水。「潮」とも書く。　**〔しお〕**

□**麓**　山の裾。　**〔ふもと〕**

「国字」（日本で生まれた漢字）をご存じですか？

大和言葉に当てた漢字には、いわゆる「国字」（日本で作られた漢字）が多数含まれています。代表例をあげると、

塀、匁、凩、俤、俥、凧、匂、噺、嬶、峠、杣、枡、柾、榊、槇、樫、狆、畑、畠、笹、粂、籾、糀、裃、褄、襷、躾、辻、込、鋲、雫、颪、鯰、鯱、鰯、鱈、鱚、麿など。

意外なところでは、働、搾、枠も国字。栃木県の「栃」も日本で作られた漢字です。

見た目は似ているけれど、意味はまったく違う漢字

貧と貪――貧(ひん)は貧しいこと、貪(どん)は、「貪欲」などに使い、むさぼるという意味。

悔と侮――悔は「悔(く)いる」、侮は「侮(あなど)る」。

治と冶――治は「ち」「じ」と読み、おさめるという意味。冶は「や」と読み、「冶金」、「陶冶」などに使われる。

刺と剌――刺(し)は刺す。剌は「潑剌」などのラツで、はねるという意味。

斉と斎――斉は通常セイと読み、ととのえるという意。斎はサイと読み、身を清めるという意味がある。

戊と戌――戊(ぼ)は十干(じっかん)の五番目。戌はイヌ。

爪と瓜――爪は「ツメ」。瓜は「ウリ」。「爪にツメなし、瓜にツメあり」は昔からの覚え方。

廷と延――廷(てい)はもとは庭を表し、そこから「法廷」などの場所の名に使われるようになった。延(えん)はのびるの意。

己と已と巳――己は「オノレ」、已は文法の已然形の「イ」で、すでに終わっているという意味。巳(み)は蛇のこと。

候と侯――候は「ソウロウ」や気候の「コウ」。タテの線が一本少ない侯は「侯爵」の「コウ」。

享と亨――享は「享楽」、「享受」などの「キョウ」。亨は「トオル」として、もっぱら人名に用いられる漢字。

萩と荻――萩は「ハギ」で、秋の七草のひとつ。荻は「オギ」で葦原などに生えるイネ科の多年草。

璧と璧——どちらも「ヘキ」と読むが、璧はすぐれた玉のこと。「完璧」はもともとはキズのない玉のことなので、璧を使う。

暫くと漸く——暫くは「しばらく」、漸くは「ようやく」。

幣と弊——ともに「ヘイ」と音読みするが、幣には捧げるという意味があり、「紙幣」「貨幣」などに使う。弊は費えるという意で、「疲弊」、「弊害」などに用いる。

衝と衡——衝(しょう)は要という意味があり、「要衝」、「折衝」などに使う。衡(こう)ははかりという意味で、「平衡」、「均衡」、「度量衡」などに使われている。

嬌と矯——ともに「キョウ」と音読みするが、嬌はなまめかしいさまを表し、「愛嬌」、「嬌態」など。矯はためるという意で、「矯正」などに使う。

第9章　思わぬところで恥をかく中級レベルの漢字です

このレベルは、読めないと、思わぬところで恥をかくおそれがあります。キッチリ確認しておきましょう。

1 スラスラ読みたい大人の漢字①

●迷うことなく読んでほしい漢字です。

□凝視

〔ぎょうし〕　じっと見つめる。目を凝らす。「敵陣を凝視する」など。

□喧伝

〔けんでん〕　広く言いふらすこと。「世間に喧伝する」など。「喧しい」で「かまびすしい」と読む。「宣伝」と混同しないように。

□播種

〔はしゅ〕　作物の種子を田畑にまくこと。×「ばんしゅ」。「播く」で「まく」と読む。

□搦手

〔からめて〕　城の裏門や陣地の後ろ側。比喩的に弱点という意

□間隙

□灼熱

□稜線

□権高

□迂遠

□完膚

味で使う。「搦手から攻める」「搦手から批判する」など。

〔かんげき〕　空間的、時間的なすき間のこと。「間隙を突く」は敵陣などにふとできた隙間を突くこと。「間隙が生じる」など。

〔しゃくねつ〕　焼けて、ひじょうに熱くなること。「灼熱の太陽」「灼熱地獄」など。「灼く」で「やく」と読む。

〔りょうせん〕　山の尾根。峰から峰へと続く線。「稜線をたどる」など。「稜」は「かど」と訓読みする。

〔けんだか〕　相手を見下した傲慢な態度。「権高な性格が直らない」など。

〔うえん〕　まわりくどい。「迂遠な話」「迂遠な計画」など。もとは、道が曲がりくねっているという意。

〔かんぷ〕　傷のない完璧な皮膚のこと。「完膚なきまで」は、「無傷の肌（箇所）がなくなるほど、徹底的に」という意。

□飢饉

□和洋折衷

□教唆

□教鞭

□愚弄

□鯨飲

〔ききん〕　農作物の収穫が少なく、食料不足に陥った状態。「天明の大飢饉」「水飢饉」など。

〔わようせっちゅう〕　日本のものと西洋のものを合わせること。この「衷」には、かたよらずに中をとるという意味がある。

〔きょうさ〕　他者をそそのかすこと。けしかけること。「犯罪教唆」など。

〔きょうべん〕　かつて教師が持っていた鞭。「教鞭を執る」は「教職につく」という意。

〔ぐろう〕　人をみくびって、馬鹿にすること。「人を愚弄するのもいいかげんにしろ」など。「弄ぶ」は「もてあそぶ」と読む。

〔げいいん〕　鯨が水を飲むように、酒をがぶがぶと飲むこと。「鯨飲馬食」など。

●中級レベルの熟語です。読んでください。

□**花卉**　観賞用に栽培された植物。「卉」は「くさ」と訓読みする。〔かき〕

□**稚気**　子供っぽい様子や気分。おさなげな様子。「稚気愛すべし」など。〔ちき〕

□**僅差**　わずかの差。「僅差の戦い」など。〔きんさ〕

□**焦眉**の急　火が眉を焦がすほどに、切迫しているさま。〔しょうび〕

□**好餌**　人を誘い寄せる手段。「好餌を与える」など。〔こうじ〕

□**傘寿**　数え年八〇歳。傘の略字「仐」が八十と読めることから。〔さんじゅ〕

□**急逝**　急死。「知人が急逝する」など。×「きゅうせつ」。〔きゅうせい〕

□**伝播**　伝わって広まること。「キリスト教が伝播した」など。〔でんぱ〕

□**曳航**　船が他の船を引いて航行する。「貨物船を曳航する」など。〔えいこう〕

□**対語**　意味が対照的な言葉。対になる言葉。×「たいご」。〔ついご〕

□**睦言**　親しい男女が寝室で交わす言葉。〔むつごと〕

□**弔鐘**　死者をいたんで鳴らす鐘。「弔鐘を鳴らす」など。〔ちょうしょう〕

□折伏　仏教語で、悪人の迷いを覚ますこと。〔しゃくぶく〕

□放屁　おならをする。×「ほうへ」。〔ほうひ〕

□炸裂　激しく破裂し、飛び散る。「砲弾が炸裂する」など。〔さくれつ〕

□椿事　思いがけない出来事。珍しい出来事。「前代未聞の椿事」など。〔ちんじ〕

□頓死　急死すること。将棋では、見落としで玉が詰んでしまうこと。〔とんし〕

□篦棒　はなはだしいさま。江戸弁に篦と棒を当て字した語。〔べらぼう〕

□澄明　澄みきって明るいこと。「澄明な空」など。〔ちょうめい〕

□銀嶺　雪が降り積もり、銀色に輝く山の峰。「銀嶺を仰ぎ見る」など。〔ぎんれい〕

□喬木　高い木のこと。反対語は、低木を意味する「灌木（かんぼく）」。〔きょうぼく〕

□間遠　時間的、空間的な隔たりが大きいさま。〔まどお〕

□掉尾　最後のこと。「とうび」は慣用読み。〔ちょうび〕

□措辞　言葉の使い方。詩や文章での文字の使い方や字句の置き方。〔そじ〕

□屹立　高い山がそびえ立つ様子。「高い壁として屹立する」など。〔きつりつ〕

□跳梁　とびはねまわる。悪人がのさばる様子。「跳梁跋扈（ばっこ）」など。〔ちょうりょう〕

●中級の熟語も佳境に入ってまいりました。読んでください。

□**前栽**　家の前庭にある草木の植込み。〔せんざい〕

□**頭金**　分割払いするときに、最初に支払う金。×「あたまがね」。〔あたまきん〕

□**透徹**　透きとおっていて濁りがない。「透徹した論理」など。〔とうてつ〕

□**概括**　要点をまとめる。「概」はおおむね、「括」はまとめるという意。〔がいかつ〕

□**駆逐**　追いだすこと。「駆逐艦」「悪貨は良貨を駆逐する」など。〔くちく〕

□**便法**　物事を行うのに便利な方法。「修行に便法はない」など。〔べんぽう〕

□**渉猟**　歩き回り、探し求めること。「書物を渉猟する」。〔しょうりょう〕

□ここを**先途**　勝敗や運命の分かれ目。「ここを先途と頑張る」。〔せんど〕

□**翻弄**　思いどおりに弄ぶ。「大波に翻弄される」。〔ほんろう〕

□**兎角**　ややもすると、という意味の副詞。「兎角、日本人は～」。〔とかく〕

□**常套句**　決まり文句。〔じょうとうく〕

□**瓦解**　一部の崩れから全体が崩れること。〔がかい〕

□剪定　花や庭木の枝など切りととのえる。×「ぜんてい」。〔せんてい〕

□権勢　権力を握り、勢いがある。「権勢を振るう」「権勢欲」など。〔けんせい〕

□謳歌　歌うこと。喜びなどを表すこと。「青春を謳歌する」など。〔おうか〕

□泡銭　苦労なく得た金のこと。〔あぶくぜに〕

□批准　国家が条約を承認すること。「批准書」など。〔ひじゅん〕

□足蹴　足で蹴りつける。ひどい仕打ちをする。×「あしげり」。〔あしげ〕

□漁火　魚をおびきよせるために、漁船でたく篝火（かがりび）。〔いさりび〕

□洒落　冗談。「駄洒落」「洒落が通じない」など。〔しゃれ〕

□勿怪　思いがけない幸せ。「勿怪の幸い」など。〔もっけ〕

□鱈腹　腹いっぱい。「鱈腹食う」など。〔たらふく〕

□鳳凰　古代中国で尊ばれた想像上の鳥。〔ほうおう〕

□沐浴　髪や体を洗い清める。「斎戒沐浴」など。〔もくよく〕

□面魂　強い気持ちが表れている顔つき。〔つらだましい〕

❷ スラスラ読みたい大人の漢字②

●読めますか？　意味がわかりますか？

□徘徊

〔はいかい〕　あてもなく、歩きまわる。「徘徊老人」など。「徘」には「さまよう」という意味がある。

□遡上

〔そじょう〕　川の流れをさかのぼる。「サケが急流を遡上する」など。×「さくじょう」。「遡る」で「さかのぼる」と読む。

□三昧

〔ざんまい〕　一つのことに集中している状態。雑念を払い、没入している状態。「読書三昧」「贅沢三昧」など。

□顕彰

〔けんしょう〕　功績などを世にあきらかにして表彰する。「顕らか」「彰らか」、ともに「あきらか」と読む。

□昏倒
□爛熟
□羨望
□隠遁
□巴戦

〔こんとう〕 目がくらみ、倒れること。「昏い」で「くらい」と読み、「目がくらむ」という意味がある。

〔らんじゅく〕 果実が熟しきった状態。頂点を迎えたものの衰えが見えはじめた状態。「ルネサンスの爛熟期」など。

〔せんぼう〕 うらやましく思うこと。「羨望の視線を集める」など。「羨む」で「うらやむ」と読む。

〔いんとん〕 俗世間を離れ、隠れ住むこと。「田舎で隠遁生活を送る」など。「遁れる」で「のがれる」と読む。

〔ともえせん〕 三人のうちの一人が、他の二人に続けて勝てば勝者になれる戦い。大相撲の優勝決定戦の方式のひとつ。

●中級レベルの熟語です。読んでください。

□松柏　松と柏(かしわ)のこと。「松柏の盆栽」など。〔しょうはく〕
□森閑　ひっそりと静まり返っているさま。〔しんかん〕
□満更でもない　じつは、かなり気に入っているという意。〔まんざら〕
□幽谷　深山にある静かな谷。「深山幽谷」など。〔ゆうこく〕
□塑像　石膏(せっこう)や粘土で作った像。〔そぞう〕
□揶揄　揶(から)うこと。「世間を揶揄する」など。〔やゆ〕
□僥倖　予期しない幸せ。「僥倖に恵まれる」など。〔ぎょうこう〕
□雄図　大きな企て。雄大な計画。「雄図むなしく」など。〔ゆうと〕
□多幸　幸せ多いこと。「御多幸をお祈りいたします」など。〔たこう〕
□栄達　出世すること。「栄達を望む」など。〔えいたつ〕
□賭博　金品を賭けて勝敗を争うバクチ。〔とばく〕

❸ スラスラ読みたい大人の漢字③

●正確に読めるかチェックしましょう。

□謀議

□夾雑

□頓着

〔ぼうぎ〕　計画を進めるため、相談すること。とりわけ、犯罪や陰謀に関して用いる。「謀」一字で「はかりごと」と訓読みする。

〔きょうざつ〕　よけいなものが混じりこむこと。「夾雑物を取り除く」など。「夾む」で「はさむ」と読む。

〔とんちゃく〕　深く気にかけてこだわること。多くの場合、「頓着しない」と否定形で用い、「こだわらない」という意に。「とんじゃく」とも読む。

□侠客

□蕩尽

□黎明

□素封家

□射幸心

□卍巴

□一番槍

〔きょうかく〕　任侠の徒。なお「侠」には「おとこだて」という訓読みがある。

〔とうじん〕　金銭を湯水のように使い果たすこと。「財産を蕩尽する」など。なお「蕩児」は放蕩息子のこと。「蕩ける」で「とろける」と読む。

〔れいめい〕　明け方・夜明け。比喩的に、ものごとの始まり。「黎明期」など。

〔そほうか〕　代々続くお金持ち。とくに地位や権力は持っていない場合に使う。

〔しゃこうしん〕　賭け事などで楽して儲けようとする気持ち。「射幸心を煽る」など。「射倖心」とも書く。

〔まんじどもえ〕　卍や巴の形のように、入り乱れるさま。くんずほぐれつ。「卍巴となって戦う」など。

〔いちばんやり〕　敵陣に最初に突っ込み、槍をふるうことから、

□当り籤

□燦然

□佳日

□大入袋

□逐電

□媚態

真っ先に立てる功名。「一番槍の大手柄」など。

〔あたりくじ〕 クジ引きで当たったクジ。昔は「当籤」と書いて「とうせん」＝当選と読んだ。

〔さんぜん〕 きらびやかに輝くさま。「燦然と輝く真夏の太陽」など。「燦らか」で「あきらか」と読む。

〔かじつ〕 おめでたい日。「嘉日」とも書く。「過日」（過ぎた日）とは意味が違うので混同しないように。

〔おおいりぶくろ〕 金一封の袋。興行で客が大入りになったとき、関係者に配られる。

〔ちくでん〕 すばやく逃げること。「逐う」で「おう」と読み、「雷（電）を逐う」ように速いという意味。

〔びたい〕 人に媚びへつらうような態度。女性が男性に示すなまめかしい態度。「媚態を示す」など。

●中級の「熟語」です。読んでください。

□糊塗　あいまいにごまかして処置する。「事実を糊塗する」など。〔こと〕
□贖罪　罪をつぐなうこと。「贖う」で「あがなう」と読む。〔しょくざい〕
□刷新　すべて新しくすること。「顔ぶれを刷新する」など。〔さっしん〕
□醜聞　聞くに堪えない評判。スキャンダル。「醜聞が流れる」など。〔しゅうぶん〕
□蝶番　開き戸につかう金具。〔ちょうつがい〕
□終焉　物事の終わり。「終焉を迎える」。〔しゅうえん〕
□客死　旅の途中で死ぬこと。「刺客」「食客」も「客」を「かく」と読む。〔かくし〕
□舌禍　失言したために受ける災い。「舌禍事件」など。〔ぜっか〕
□諜報　スパイ活動のこと。〔ちょうほう〕
□急坂　傾きが急な坂。×「きゅうざか」。〔きゅうはん〕
□捏造　嘘を事実とでっちあげること。「捏ねる」で「こねる」と読む。〔ねつぞう〕
□極刑　死刑のこと。「極刑に値する」「極刑に処せられる」など。〔きょっけい〕

□**宮内庁**　皇室関係の事務をする行政機関。戦前は宮内省。〔くないちょう〕

□**怒濤**　荒れ狂う大波。「濤」の訓読みは「なみ」。「怒濤の勢い」など。〔どとう〕

□**賜杯**　天皇からスポーツの勝者におくられる優勝杯。〔しはい〕

□**梵語**　古代インドの文語であるサンスクリット語のこと。〔ぼんご〕

□**手綱**　馬を操るため、轡（くつわ）につける綱。「手綱をゆるめる」など。〔たづな〕

□**緻密**　不備がない。「緻かい」で「こまかい」と読む。「緻密な作戦」など。〔ちみつ〕

□**真摯**　ひたむきでまじめな態度。「真摯な姿勢」など。〔しんし〕

□**執念**　思い込んで動かない心。もとは仏教用語。〔しゅうねん〕

□**真っ向**　真正面のこと。「真っ向勝負に出る」など。〔まっこう〕

□**喚声**　大きな叫び声。一方「歓声」は歓びの声。〔かんせい〕

□**四股**　力士が足を左右交互に高く上げて地を踏む運動。「四股を踏む」など。〔しこ〕

□**醜名**　力士の呼び名。へりくだってこう書く。「四股名」とも。〔しこな〕

□**辛勝**　辛くも得た勝利。「辛い」は「からい」「つらい」と読む。〔しんしょう〕

□**固唾**　緊張しているとき、口の中にたまる唾。「固唾を飲む」。〔かたず〕

4 一見難しそうなのに、よく使う熟語①

●難しい漢字を含んでいるのに、熟語としてはよく使う言葉です。読んでください。

□編纂

□彷徨

□昏睡

〔へんさん〕　材料を整理し、書物を作る。おもに、辞書や全集を編集することに使う。「百科事典を編纂する」など。「纂」には「あつめる」という意味がある。

〔ほうこう〕　当てもなく、さまよい歩く。「生死の境を彷徨する」など。「彷う」も「徨う」も、「さまよう」と読む。

〔こんすい〕　後先の区別もつかないほど眠る。意識がないさま。「昏睡強盗」「昏睡状態」など。

□灌漑

□蹂躙

□威嚇

□慟哭

□埠頭

□蒐集

□一縷

〔かんがい〕 水を引き、田畑をうるおすこと。「灌漑用水」など。「灌ぐ」も「漑ぐ」も「そそぐ」と読む。

〔じゅうりん〕 ふみにじる。力によって他者を侵害する。「人権蹂躙」など。「蹂む」「躙む」ともに「ふむ」と読む。

〔いかく〕 威力をもって、おどしつける。「武力で威嚇する」など。「嚇す」で「おどす」と読む。

〔どうこく〕 大声をあげ、泣きわめく。「慟く」は「なげく」、「哭く」は「なく」と読む。

〔ふとう〕 港内で船を横づけするために、突き出したエリア。

〔しゅうしゅう〕 趣味や研究のために集める。「骨董品の蒐集」など。「収集」よりもマニアっぽいニュアンスを含む書き方。「蒐める」で「あつめる」と読む。

〔いちる〕 わずかにつながっている様子。「縷」は「いと」と訓読

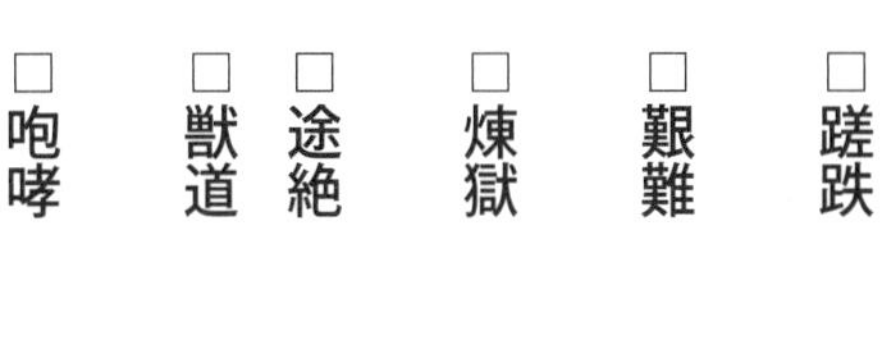

□蹉跌
□艱難
□煉獄
□途絶
□獣道
□咆哮

みし、細い糸のこと。「一縷の望み」は、かすかな希望。なお不安のほうは「一抹の不安」。ごっちゃにしないように。

〔さてつ〕　つまずき。「蹉く」も「跌く」も「つまずく」と読む。『青春の蹉跌』は石川達三の小説。

〔かんなん〕　苦難があって苦しむこと。「艱難辛苦」「艱難に耐える」など。「艱」には「なやみ」という意味がある。

〔れんごく〕　天国と地獄の間。カトリックの教義で、死者の魂が最後の審判を受けるまで送られるとされる場所。

〔とぜつ〕　続いていた物事が途中で絶えること。「連絡が途絶する」など。

〔けものみち〕　獣の通り道。獣が山中を行き来するうち、自然にできた道。『けものみち』は松本清張の小説。

〔ほうこう〕　猛獣などが大声で吠える。その叫び声。比喩的に「大砲が咆哮する」などとも使う。「咆える」「哮える」、ともに「ほえる」と読む。

5 一見難しそうなのに、よく使う熟語②

●これらも熟語としてはよく使う言葉。読んでください。

□健啖

□拿捕

□演繹

□充塡

〔けんたん〕 よく食べること。食欲旺盛。「健啖家」は食欲旺盛な人。「啖う」で「くう」と読む。

〔だほ〕 船舶などが、外国の軍艦などの命令下に強制的に入れられること。「漁船が拿捕される」など。

〔えんえき〕 一つの事柄から他の事柄に広げて考える。反対語は「帰納」。「繹」には「たずねる」という意がある。

〔じゅうてん〕 ものを詰めて、ふさぐこと。「エネルギー充塡1

□団欒

□震撼

□羞恥心

□叢書

□鳥瞰

００％」など。「塡める」で「うずめる」、「塡ぐ」で「ふさぐ」と読む。

〔だんらん〕　親しい人が集まり、楽しく時を過ごすこと。「一家団欒」「団欒を楽しむ」など。

〔しんかん〕　ふるい動かすこと。「世間を震撼させた大事件」など。「撼かす」で「うごかす」と読む。

〔しゅうちしん〕　恥ずかしいと感じる気持ち。「羞恥心がない」と否定形で用いることが多い。「羞じる」で「はじる」と読む。

〔そうしょ〕　同じ形式で編集し、継続刊行する書物。「叢」一字では「くさむら」と読む。

〔ちょうかん〕　鳥が空から見下ろすように、高所から広く全体を見下ろすこと。「鳥瞰図」など。同義語は「俯瞰」。「瞰る」で「みる」と訓読みする。

□帰趨

□厩舎

□改竄

□書翰

□孵化

□魂魄

〔きすう〕　落ち着くところ。決着するところ。「勝敗の帰趨が決まる」など。「趨く」で「おもむく」と読む。

〔きゅうしゃ〕　馬や牛などの家畜を飼う小屋。競走馬を管理、訓練する場所。「厩」一字では「うまや」と読む。

〔かいざん〕　文書などを悪用するため、勝手に直すこと。「竄」には文字を変えるという意味がある。

〔しょかん〕　手紙。「書簡」とも書く。「翰」は「ふで」という意。

〔ふか〕　卵がかえること。「孵る」で「かえる」と読む。

〔こんぱく〕　死者のたましい。「魄」の訓読みも「たましい」。

●見慣れない漢字を含んでいるのに、熟語としてはよく使う言葉です。

□**訥弁**　口数が少ないこと。なめらかな話しぶりではないこと。〔とつべん〕

□**年嵩**　年上という意の大和言葉。かなりの高齢という意も。〔としかさ〕

□**轢死**　電車や自動車などに轢かれて、死亡すること。「轢死体」など。〔れきし〕

□**眩惑**　目を眩まし、惑わすこと。「色香に眩惑される」など。〔げんわく〕

□**筮竹**　易者が占いで使う竹を削ってつくった細い棒。〔ぜいちく〕

□**憑依**　霊などが乗り移る。「憑く」で「つく」と読む。〔ひょうい〕

□**兵站**　必要な兵器、食糧を補給すること。〔へいたん〕

□**縊死**　首を吊って死ぬ。「縊る」で「くびる」と読む。〔いし〕

□**橋梁**　河などにかける橋。大きな橋に使う言葉。〔きょうりょう〕

□**疲労困憊**　疲れきること。「憊れる」で「つかれる」と読む。〔ひろうこんぱい〕

□**峻拒**　きっぱり拒むこと。「峻しい」で「けわしい」と読む。〔しゅんきょ〕

□**顚末**　事のはじまりから終わりまでのいきさつ。〔てんまつ〕

6 ビジネスパーソンなら知らないとマズい漢字①

●中級熟語のビジネス編です。仕事で頻繁に使う言葉を読んでください。

□辣腕
□渾身
□衷心
□逓減

〔らつわん〕　敏腕。凄腕。物事を処理する能力。「辣腕をふるう」は、凄腕を発揮するという意味。

〔こんしん〕　身体全体。「渾身の力を振り絞る」など。「渾て」で「すべて」と訓読みする。

〔ちゅうしん〕　まごころ。「衷心からお悔やみ申し上げます」など。「衷」には「まごころ」という訓読みがある。

〔ていげん〕　じょじょに減っていくこと。「収益が逓減する」な

□些事

□爾後

□披瀝

□薫陶

□牙城

□短兵急

ど。

〔さじ〕　とるにたらないこと。「些事にこだわる」など。「些か」は「いささか」と読む。

〔じご〕　その後。今後。「爾の」で「その」と訓読みする。「爾後、よろしくお願いいいたします」など。

〔ひれき〕　考えを打ち明ける。「自分の考えを披瀝する」など。「披く」で「ひらく」、「瀝る」で「したたる」と訓読みする。

〔くんとう〕　徳の力で人を教育すること。受け身の形で使うことが多く、「○○先生の薫陶を賜り」は、結婚式での定番フレーズ。

〔がじょう〕　組織や勢力の中心。「保守の牙城」など。昔の中国で、本拠となる城に牙旗（大将の旗）を立てたことから。

〔たんぺいきゅう〕　出し抜けであるさま。「短兵」は短い武器の

□毀損

□推敲

□濫用

□烙印

□足枷

ことで、もとはそれを手にして敵を急襲するという意味。「短兵急に攻める」など。

【きそん】 壊すこと。「名誉を毀損する」など。「毀つ」で「こぼつ」（壊（こわ）すの意）と読む。

【すいこう】 詩歌の内容を十分に吟味する。唐の故事に由来する言葉。「推敲を重ねる」など。

【らんよう】 みだりに用いる。「職権濫用」「濫用を禁ず」など。「濫りに」で「みだりに」と読む。

【らくいん】 熱した鉄印を押し当て、印を焼き付けること。「烙印を押す」は、汚名を受けるという意味。「烙く」で「やく」と読む。

【あしかせ】 罪人の足にはめる刑具。そこから、自由な行動を妨げるもの。「足枷となる」など。

7 ビジネスパーソンなら知らないとマズい漢字②

●仕事でよく使うのに、意外と読めない漢字です。読んでください。

□物故

□酩酊

□排斥

□罷免

〔ぶっこ〕　人が亡くなること。「物故者」など。

〔めいてい〕　酒を飲み、ひどく酔うこと。「すっかり酩酊する」など。「酩う」も「酊う」も「よう」と読む。

〔はいせき〕　受け入れられないと拒むこと。「排斥運動」「外国製品を排斥する」など。「斥ける」で「しりぞける」と読む。

〔ひめん〕　公職をやめさせる。「大臣を罷免する」など。「罷める」で「やめる」と読む。

□驚愕
□敷衍
□窯業
□歪曲
□脆弱
□詮索

〔きょうがく〕　たいへん驚くこと。「世間を驚愕させる」「驚愕の真実」など。「愕く」も「驚く」と同様、「おどろく」と読む。
〔ふえん〕　意味をおし広げる。「敷衍して申し上げますと」は、「関連づけて言うと」という意味の常套句。
〔ようぎょう〕　ガラス、セメント、レンガなどを製造する産業。つまり、「窯(かま)」で高熱処理する産業の総称。
〔わいきょく〕　内容を意図的にゆがめる。悪い方向に変えるときに使う。「事実を歪曲する」など。「歪み」は「ひずみ」「ゆがみ」、「歪」一字は「いびつ」と読む。
〔ぜいじゃく〕　もろくてよわいさま。「脆」の旁につられて、「きじゃく」と誤読しないように。
〔せんさく〕　細かい点まで詳しく調べる。「素性を詮索する」など。「索める」で「もとめる」と読む。

□膠着

□琴線

□邁進

□隘路

□阿吽

□引っ張り凧

〔こうちゃく〕　状態が固定化し、変化しないさま。「戦況は膠着状態に入った」など。「膠」一字では「にかわ」（接着剤のこと）と読む。

〔きんせん〕　感動し、共鳴する心情。「現代人の琴線に触れる作品」など。

〔まいしん〕　とまらずに進むこと。「事業に邁進する」など。「邁く」で「ゆく」と読む。

〔あいろ〕　狭い道。比喩的に、難関、妨げという意味で使われ、「（問題解決への）隘路にさしかかる」など。

〔あうん〕　仁王像や狛犬の顔の様子を指す。一方が口を開け、もう一方が閉じている。「阿吽の呼吸」は息がぴったり合っているという意。

〔ひっぱりだこ〕　人気があって、引く手あまたのさま。このタコは「蛸」と当てることもある。

□箝口令

□矛先

□迂闊

□蔓延

□躊躇

□お誂え向き

〔かんこうれい〕　人に話すことを禁じること。「箝口令を敷く」など。「箝」一字では「くびかせ」と訓読みする。

〔ほこさき〕　矛の切っ先。「矛先を転じる」は、攻撃する方向を変えること。「非難の矛先を転じる」など。

〔うかつ〕　おろかにも。「迂」には「うとい」という意味がある。「私（わたくし）としたことが、迂闊にも」など。

〔まんえん〕　病気や悪い習慣などが広がること。「蔓草が延び広がる」ように、はびこるという意味。「悪習が蔓延する」「伝染病が蔓延する」など。

〔ちゅうちょ〕　ためらう。「躊」にも「躇」にも「ためらう」という意味がある。

〔おあつらえむき〕　希望にぴったりの。「お誂え向きの商品」など。

✐熟語（促音編）――小さな「っ」で読まないと間違いになる言葉

※小さな「っ」で表す言葉を「促音」と呼びます。ここでは、一字ではそうは読まないのに、熟語になると「っ」になる促音語を集めました。読んでください。

□**払拭**〔**ふっしょく**〕　汚れなどをぬぐい去る。「旧弊を払拭する」など。×「ふっしき」。

□**昵懇**〔**じっこん**〕　親密なこと。「昵懇な間柄」など。「昵づく」で「ちかづく」、「懇ろ」で「ねんごろ」と読む。「入魂（じっこん）」とも書く。

□**折檻**〔**せっかん**〕　厳しくいさめること。現代では、体罰という意味で使われることが多い。「子供を折檻する」など。

□**匹敵**〔**ひってき**〕　能力や価値などがつりあうこと。「国家予算に匹敵する金額」など。

□**闊歩**〔**かっぽ**〕　大股で堂々と歩くこと。「社内を闊歩する」など。「闊」には「広い」という意味があるので、大股というニュアンスが生じる。

□**蟄居**〔**ちっきょ**〕　家に閉じこもる。「蟄れる」で「かくれる」と読み、もとは虫が土の中に隠れるという意↓「啓蟄」。

8 どんな動物が隠れていますか？

●動物が隠れている漢字です。読んでください。

□牛耳る

□猫糞

□狼狽

〔ぎゅうじる〕 組織や集団の実績を握ること。中国古代の戦国時代、君主たちが牛の耳を裂いて生き血をすすり、結束した故事から。「組織を牛耳る」など。

〔ねこばば〕 落とし物などを自分のものにしてしまうこと。用を足した猫が糞に土砂をかけて隠すことから。「落とし物を猫糞する」など。

〔ろうばい〕 うろたえる。前足が長く後ろ足が短い「狼」と、前足が短く後ろ足が長い「狽」（狼の一種）は、離れるとうまく動けな

□窮鼠

□駿馬

□虎穴

□鷹揚

□脱兎の如く

□烏帽子

くなってうろたえるという伝説から。

〔きゅうそ〕　追いつめられたネズミ。「窮鼠、猫を噛む」は、弱者も窮地に立つと、強者に挑み、倒すことがあるという意味。

〔しゅんめ〕　足の速いすぐれた馬。反対語は「駄馬」。

〔こけつ〕　虎の住む穴＝危険な場所という意。「虎穴に入らずんば虎子を得ず」は、ときには危険な場所に踏み込まなければ成果を得られないという意。

〔おうよう〕　鷹が空を飛ぶように堂々としているさま。「鷹揚に構える」「鷹揚な態度」など。

〔だっと〕　勢いよく逃げるウサギのように、動作がひじょうにすばやいことの形容。「脱兎の如く逃げ出す」が決まり文句。

〔えぼし〕　公家や武士がつけていたかぶりもの。色が「烏の羽」のように黒いことから。「亭主の好きな赤烏帽子」など（178頁参照）。

□蛇蝎

□狼煙

□狼藉

□鵜呑みにする

□藪蛇

□鳩首

〔だかつ〕　人に嫌われるものの象徴。「蝎」は「さそり」のこと。「蛇蝎の如く嫌う」が定番の形。

〔のろし〕　薪を燃やしてあげる煙による合図。昔は、狼の糞を入れて燃やしたので、こう書くようになったという説がある。「改革の狼煙を上げる」など。

〔ろうぜき〕　乱暴なふるまい。狼が草を藉いて寝たあとの様子から。「狼藉を働く」「狼藉の限りを尽くす」が二大定番句。

〔うのみ〕　人の言葉をそのまま受け入れること。鵜が魚を丸呑みするところからの比喩。「人の意見を鵜呑みにする」など。

〔やぶへび〕　藪をつついて蛇を出すように、余計なことをしてひどい目にあうこと。「藪をつついて蛇を出す」の略。

〔きゅうしゅ〕　集まって相談すること。「鳩首協議」「鳩首会談」など。

□羊歯

□下馬評に上る

□雁首

□丙午

□目白押し

□飛燕

〔しだ〕　シダ植物のこと。葉が細かく並んでいる様子が、羊の歯に似ていることに由来する書き方とみられる。

〔げばひょう〕　巷の評判にのぼること。江戸城の下馬先で、城内に入った主人を待つ者たちが噂話をし合ったことに由来する言葉。

〔がんくび〕　頭の俗語。もとは、キセルの火をつける雁の頭に似た部分のこと。「雁首を揃える」は、人が寄り集まり、頭数が揃うこと。

〔ひのえうま〕　六十年に一度の「丙の午」の年。この年に生まれた女性は夫を食い殺すという迷信があって、過去は出生率が低くなった。

〔めじろおし〕　ぎっしり並ぶこと。鳥のメジロが枝に多数並ぶさまから。

〔ひえん〕　空を飛ぶツバメ。太平洋戦争時の戦闘機名でもある。

●引き続き、動物が隠れている漢字です。読んでください。

□蛇足　いらないもの。蛇に足までつけて描いた者の故事から。〔だそく〕

□亀裂が入る　ひびが入ること。「亀裂が生じる」など。〔きれつ〕

□猿股　丈の短い下履き。〔さるまた〕

□豹変する　態度を一変させること。「君子は豹変する」など。〔ひょうへん〕

□走狗　人の手先。本来は、狩猟用の狗（いぬ）のこと。「権力者の走狗」など。〔そうく〕

□蛇腹　蛇の腹のような形をしたもの。「蛇腹式のカメラ」など。〔じゃばら〕

□鴨居　屋内の戸の上にある横木。〔かもい〕

□牛車　平安時代、牛にひかせ、公家が乗った車。〔ぎっしゃ〕

□愛猫　可愛がっている猫。「愛猫家」は猫を愛する人。〔あいびょう〕

□熊手　落ち葉などをかき集める竹製の道具。〔くまで〕

□豚児　自分の子供のことをへりくだっていう言葉。〔とんじ〕

□竜巻　大気の渦巻き。形が、竜が空に昇るように見えることから。〔たつまき〕

□羊羹　小豆や砂糖でつくるお菓子。〔ようかん〕

第10章 「人」と「人間関係」をめぐる外せない漢字です

人が言葉を生み出したのは、他の人とコミュニケーションをとるため。もちろん、漢字にも、人や人間関係に関する言葉が多数含まれています。

この項には、ほめ言葉、悪口をはじめ、人間関係や男女関係をめぐる多彩な言葉をまとめました。正しく読みこなしてください。

1 ほめ言葉に使われる漢字①

●まずは、人をほめる言葉から。読んでください。

□**錚**々たる

〔**そうそう**〕　多くの中でとくにすぐれている。「錚々たるメンバー」など。「錚」には、金属の冴えた音という意味がある。

□**御大**

〔**おんたい**〕　組織のトップに対する親しみをこめた呼び方。

□**刮目**

〔**かつもく**〕　よく注意して見る。「刮目に値する」は、注意して見るくらい価値があるという意味。「男子三日会わざれば刮目して見るべし」など。

□枚挙に**遑**がない

〔**いとま**〕　数えきれないほどたくさんある。「枚挙」は一つひと

□芳醇

□矍鑠とした

□剛毅

□雄渾

□殊勝

□敏捷

つ数えること。「遑」は「暇」と同じく「ヒマ」という意味。

〔ほうじゅん〕 香り、味がよいこと。おもに、上質な酒の香りの形容に用いる。「ブランデーの芳醇な香り」「芳醇な味わい」など。

〔かくしゃく〕 年をとっていても、元気な様子。「矍鑠とした老人」など。

〔ごうき〕 すぐれていて強いこと。しっかりした意志を持ち、屈しないこと。「剛毅な性格」など。同じ音の「豪気」と混同しないように。

〔ゆうこん〕 雄大でよどみがない。「雄渾な筆致」と、書画のほめ言葉によく使われる。

〔しゅしょう〕 感心なさま。殊（こと）に勝（すぐ）れるという意。「殊勝にも」「殊勝な心がけ」など。

〔びんしょう〕 動作がすばやいこと。「敏い」で「さとい」、「捷い」で「はやい」と読む。「ディフェンダーの敏捷な動き」など。

□慧眼

□敬虔

□異名をとる

□大黒柱

□天稟

□知嚢

〔けいがん〕　物事の本質をみぬく鋭い洞察力。「慧眼の士」は、深い洞察力をもつ人。「慧い」で「さとい」と読む。

〔けいけん〕　神仏などを真摯に敬うこと。「敬虔なクリスチャン」「敬虔な態度」など。「虔」には「つつしむ」という意味がある。

〔いみょう〕　別名やあだ名。「異名をとる」は、「槍の又佐」などのように、すぐれた技量や能力に対して、別名で呼ばれること↓×「いめい」。

〔だいこくばしら〕　家族や組織の中心となる人。もとは、家屋の支えとなる中央の太い柱。「一家の大黒柱」が定番の使い方。

〔てんぴん〕　天から授かった生まれつきの資質。「天稟の才」など。「稟」には、授かるという意味がある。

〔ちのう〕　すぐれた知恵の持ち主。知恵袋。「嚢」は「ふくろ」と訓読みする。

❷ほめ言葉に使われる漢字②

●引き続き、人をほめる言葉です。読んでください。

□清楚

□潑剌とした

□洒脱

□希有

〔せいそ〕 清らかで飾り気がないこと。

〔はつらつ〕 元気がよい様子。「元気潑剌」「潑剌とした働きぶり」など。

〔しゃだつ〕 あかぬけていること。「軽妙洒脱」「洒脱な人柄」など。

〔けう〕 まれなこと。珍しいこと。「希有な出来事」「希有な事例」など。

□真髄
□流暢
□燻銀
□強靭
□肥沃
□盤石

〔しんずい〕　最も大切な本質や極意。「芸術の真髄」など。

〔りゅうちょう〕　話しぶりがなめらか。よどみがない。「流暢な英語」など。「暢びる」で「のびる」と読み、のびやかなという意味がある。

〔いぶしぎん〕　見た目は地味だが、実力ある人物。もともとは、硫黄の煤で曇りをつけた銀のこと。

〔きょうじん〕　強くしなやかであること。「強靭な肉体」「強靭な精神」など。「靭やか」で「しなやか」と読む。

〔ひよく〕　土地が肥えていて、農作物がよくとれること。「肥沃な三日月地帯」といえば、メソポタミア文明が栄えた地。「沃える」で「こえる」と読む。×「ひよう」。

〔ばんじゃく〕　安定していて、びくともしないさま。「盤石の地盤」「磐石の構え」など。

□**謙虚**

□**明瞭**

□**斬新**

□**闊達**

□**造詣**が深い

□**無垢**

〔けんきょ〕 つつましやかで控えめなこと。「謙虚な人柄」など。「謙る」で「へりくだる」と読む。

〔めいりょう〕 はっきりしているという意。「明らか」「瞭らか」ともに「あきらか」と読む。

〔ざんしん〕 発想や趣向が新しいさま。「斬新なアイデア」など。「斬」ったばかりの木の切り口の「新」しさから生まれた語とみられる。

〔かったつ〕 小さなことにこだわらないさま。「闊達な性格」「明朗闊達」「自由闊達」など。「闊」には「ひろい」という意味がある。

〔ぞうけい〕 深く通じていること。「仏教史に造詣が深い」など。

〔むく〕 汚れていないこと。うぶなこと。「無垢な精神」「純真無垢」など。

●大人なら使いこなしたいほめ言葉です。読んでください。

□**極上**　極めて上等なこと。「極上の品」など。〔ごくじょう〕

□**堅牢**な　堅くて丈夫であるさま。「堅牢な建物」など。〔けんろう〕

□**出色**　目だって優れていること。「出色の出来栄え」など。〔しゅっしょく〕

□**綺麗**　美しいこと。「奇麗」とも書く。〔きれい〕

□**好漢**　感じのいい男性。「好漢、惜しむらくは」など。〔こうかん〕

□**篤志家**　慈善活動をすすんで援助する人。志が篤(あつ)い人。〔とくしか〕

□**脱帽**　帽子を脱いで、相手に敬意を表すこと。〔だつぼう〕

□**瀟洒**　あかぬけていること。「瀟洒なペンション」など。〔しょうしゃ〕

□**恰幅**がいい　体の恰好。風采。「恰幅がいい紳士」など。〔かっぷく〕

□**凄腕**　すぐれた腕前。「凄腕の刑事」など。〔すごうで〕

□**手練**　熟練してすぐれていること。〔てだれ〕

□**趣**がある　風情のある様子。「趣ある風景」など。〔おもむき〕

□**豊穣**　作物がよく実ること。〔ほうじょう〕

3 「悪口」「ネガティブな表現」に使われる漢字①

●悪口の〝格調〟を高める熟語を集めました。読んでください。

□瑣末
〔さまつ〕 とるに足らないささいなこと。「瑣末な話」「瑣末なことにこだわる」など。「瑣」には「ちいさい」という意味がある。

□破廉恥
〔はれんち〕 恥知らず。「廉恥」(恥を知る高潔な心)を「破る」という意味。

□粗忽
〔そこつ〕 そそっかしいこと。落語には『粗忽長屋』『粗忽の使者』など、「粗忽」とつく題目が多い。

□跋扈する
〔ばっこ〕 気ままにふるまい、のさばること。「跋」は踏む、「扈」

□**首魁**

□**横車**を押す

□**凡庸**

□**万死**

□**底意**がある

は「やな」（魚をとる仕掛け）という意味がある。魚がやなの中に入らないことから。

〔しゅかい〕　悪事などの首謀者。「陰謀の首魁」など。

〔よこぐるま〕　道理に合わないことを無理やりにする。車を横に押すような真似のこと。

〔ぼんよう〕　とりえがなく平凡なこと。「凡庸なアイデア」「上司の凡庸さに辟易する」など。

〔ばんし〕　「死」を強調した語で、成句によく登場する。「万死に値する」で「一万回の死に値するような罪（失敗）をおかす」、「万死を恐れず」で「命を惜しまず」、「万死に一生を得る」は「九死に一生を得る」と同じ意味。

〔そこい〕　心の奥底にひそむ考えや下心。「底意を感じさせる行為」など。

□虫酸

□凋落

□疎漏

□禽獣

□晦渋

□牽強付会

〔むしず〕　胃から上がってくる酸っぱい液。「虫酸が走る」は、胃がムカムカするほど嫌いという意味。

〔ちょうらく〕　おちぶれる。「凋落の一途をたどる」など。「凋」には「しぼむ」という意味がある。「凋」を旁につられて、シュウと誤読しないように。

〔そろう〕　大ざっぱで漏れがあること。「疎漏な計画」がよく使う形。

〔きんじゅう〕　禽（訓読みは「とり」）と獣。「禽獣にも等しい」で、人の道理をわきまえないさま。

〔かいじゅう〕　文章などが難しく、意味がわかりにくいこと。「晦渋な文章」など。「晦い」で「くらい」と読むが、この場合は、はっきりしないという意味。

〔けんきょうふかい〕　自分に都合のいいように、理屈をこじつけること。「牽強」にも「付会」にもこじつけるという意味がある。

□間尺

□画餅

□眉唾

□長広舌

〔ましゃく〕　建築物などの寸法。「間尺に合わない」は「割りに合わずに損をする」という意味。

〔がべい〕　絵に描いた餅のように、役に立たないもののたとえ。「画餅に帰す」は、計画倒れに終わるという意味。

〔まゆつば〕　怪しいと思い、用心するさま。眉毛に唾をつけると、狐にだまされないという俗信から。「眉唾物」など。「眉に唾をつける」という慣用句もある。

〔ちょうこうぜつ〕　えんえんと話しつづけること。「国の将来について、長広舌を振るう」など。

❹「悪口」「ネガティブな表現」に使われる漢字②

●いろいろな悪口です。読んでください。

□亜流
〔ありゅう〕 二番煎じ。「亜ぐ」で「つぐ」と読み、次になるという意味がある。「しょせんは、あの名作の亜流だ」など。

□薄情
〔はくじょう〕 情けが薄いこと。愛情が薄く、冷たいこと。「薄情な女」「薄情な話」など。

□冗漫
〔じょうまん〕 だらしなく続くこと。「冗漫な文章」「冗漫な描写」など。「冗」には「むだ」という訓読みがある。

□放埒
〔ほうらつ〕 気ままにふるまうこと。「放埒な暮らしぶり」など。

□虚仮

□遊治郎

□驕慢

□愚直

□三一

□度し難い

埒には「かこい」という訓読みがあり、「かこいから放つ」という意味。

〔こけ〕　愚か者のこと。「人を虚仮にする」など。もとは仏教用語で、真実ではないという意味。

〔ゆうやろう〕　酒や女におぼれ、身を持ち崩した男。この「冶」には「とける」という意味がある。

〔きょうまん〕　おごり高ぶるさま。「驕慢な態度」など。「驕る」は「おごる」、「慢る」は「あなどる」と読む。

〔ぐちょく〕　馬鹿正直で気がきかないこと。ただし、近頃は地道にマジメというニュアンスで、ほめ言葉として用いられることもある。

〔さんぴん〕　身分の低い武士を卑しめていう言葉。

〔どしがたい〕　救いがたいこと。「済度（さいど）し難い」を略した言葉で、

□頓馬

□田夫野人

□突飛

□陋劣

「済度」は仏教語で人を救い出すこと。「本当に度し難い奴だ」など。

〔とんま〕 間が抜けている者。「頓痴気(とんちき)」と「鈍間(のろま)」が合体してできた言葉とみられる。「頓馬な話」など。

〔でんぷやじん〕 田舎者。風流を知らない人。「田夫」は農夫、「野人」は野暮な人のこと。

〔とっぴ〕 風変わりなさま。思いもかけないさま。「突飛なファッション」「突飛な思いつき」など。

〔ろうれつ〕 卑しく劣っていること。「陋」には「いやしい」という意味がある。

●引き続き、ネガティブな意味の言葉です。読んでください。

□矮小化　規模を小さくすること。「問題を矮小化する」など。〔わいしょうか〕

□酔狂　変わったものを好む物好き。「酔狂な話」など。〔すいきょう〕

□指弾　指で弾く。つまはじきにすると同様、非難するという意。〔しだん〕

□悪辣　きわめてたちが悪い。「悪辣きわまる手段」など。〔あくらつ〕

□大時代　古臭いこと。×「だいじだい」。〔おおじだい〕

□毒舌　口が悪い。きわどい皮肉。この「舌」は話すという意。〔どくぜつ〕

□横着　図々しいこと。怠けること。〔おうちゃく〕

□横柄　態度が大きいこと。〔おうへい〕

□悪食　ゲテモノ食いのこと。×「あくしょく」。〔あくじき〕

□不細工　見た目が美しくないという意味。〔ぶさいく〕

□軽率　軽はずみなさま。「軽率きわまる発言」など。〔けいそつ〕

□堕落　みじめにおちぶれる。「堕ちる」で「おちる」と読む。〔だらく〕

□**大仰**な　おおげさなこと。「大仰な話」など。〔おおぎょう〕

□**無粋**　粋ではないこと。「無粋な奴」など。〔ぶすい〕

□**穀潰し**　役に立たない者を罵っていう言葉。〔ごくつぶし〕

□**臍曲がり**　ひねくれて、素直に従わない者。〔へそまがり〕

□**節穴**　本質を見抜けないさま。「君の目は節穴か」など。〔ふしあな〕

□**朴念仁**　ものわかりの悪い人。〔ぼくねんじん〕

□**大雑把**　細部にまで注意が行き届かないさま。おおまか。〔おおざっぱ〕

□**落魄**　おちぶれて、みじめになること。「落魄の身の上」など。〔らくはく〕

□**懈怠**　怠けておろそかにする。「懈る」「怠る」も「おこたる」と読む。〔けたい〕

□**無頼**　無法な行い。「無頼漢」は、そのような振る舞いをする者。〔ぶらい〕

□**突拍子**もない　調子外れなこと。度はずれなこと。〔とっぴょうし〕

□**零落**　落ちぶれること。〔れいらく〕

□**得体**　本当の姿。正体。「得体が知れない」で、本性がわからないこと。〔えたい〕

5 どんな「人」かわかりますか？①

●「人を表す言葉」です。さて、どんな人でしょう？

□寝業師

□汝

□御曹司

□独活の大木

〔ねわざし〕　裏工作が巧みな人。「政界の寝業師」など。

〔なんじ〕　あなたという意味。「汝盗むなかれ」など。対等かそれ以下の者に対して使う言葉。

〔おんぞうし〕　名門の子弟。平安時代、まだ独立していない公家の子弟を「御曹司」と呼んだことから。

〔うどのたいぼく〕　体ばかり大きくて、役に立たない者。「うど」は食用になるが、60～70センチが食べ頃で、それ以上、成長する

□眷族

□曰く付きの人物

□股肱の臣

□碩学

□石部金吉

□総帥

と、茎が固くなって食べられなくなることから。

〔けんぞく〕 血のつながりのある者の集まり。「眷」には身内という意味がある。「一家眷属」など。

〔いわくつき〕 よくない経歴があったり、悪い噂が立っている人物。

〔ここう〕 君主の手足になる部下。「股」は「また」「もも」、「肱」は「ひじ」と訓読みする。つまり、「股肱」は手足という意味になる。

〔せきがく〕 広く深い学識をもつ学者。「当代きっての碩学」など。「碩きい」で「おおきい」と読む。

〔いしべきんきち〕 生真面目で融通がきかない人のこと。硬い石と金を並べ、人名のように見立てた言葉。ことわざでは、「石部金吉金兜」と続く。

〔そうすい〕 全軍を率いる総大将のこと。企業や組織の長。「財

□木偶坊

□宦官

□本因坊

□奴婢

□道産子

□辛党

閥の総帥」「派閥の総帥」など。

〔でくのぼう〕　もとは、操り人形のこと。そこから、人のいいなりになって、役に立たない人を罵る語に。

〔かんがん〕　宮廷に仕えるため、去勢された男性のこと。「宦える」で「つかえる」と読む。

〔ほんいんぼう〕　囲碁のタイトル戦のタイトルホルダー。もとは、囲碁の家元の名。

〔ぬひ〕　奴隷。律令制で決められた賤民。奴は男子、婢は女子を指す。

〔どさんこ〕　北海道生まれの人のこと。本来は、北海道産の馬のこと。

〔からとう〕　甘い菓子などよりも、酒を好む人のこと。反対語は「甘党」。

●まだまだ、こんな人もいます。読んでください。

□**末裔** 子孫のこと。「王家の末裔」「名家の末裔」など。〔まつえい〕
□**小兵** 小柄な人物。「小兵力士」など。〔こひょう〕
□**倅** 息子。「伜」とも書く。〔せがれ〕
□**防人** 古代、北九州の防備についた兵士。〔さきもり〕
□**山家育ち** 山村や山里で育った人。〔やまが〕
□**ご新造** 人の妻の敬まった呼び方。「ご新造さん」など。〔ごしんぞう〕
□**刀自** 年配の女性の敬称。「家刀自」など。〔とじ〕
□**端役** 演劇や映画の主要ではない役柄につく人。〔はやく〕
□**お喋り** よくしゃべる人。もしくは雑談。〔おしゃべり〕
□**天邪鬼** 人にわざと逆らう者。昔話に出てくる悪者。〔あまのじゃく〕
□**守銭奴** 金銭に執着する強欲な人。〔しゅせんど〕
□**成金** 短期間に富を築いた人。将棋の「歩」は敵陣で、「金」に成る。〔なりきん〕

□**大食漢**　ひじょうによく食べる人。〔たいしょくかん〕

□**腹心**の**部下**　心の奥底。「腹心の部下」は心から信頼できる部下。〔ふくしん〕

□**商売敵**　商売上の競争相手。「商売仇」とも書く。〔しょうばいがたき〕

□**雀士**　プロの麻雀打ち。〔じゃんし〕

□**間諜**　スパイのこと。「諜う」で「うかがう」と読む。〔かんちょう〕

□**舎弟**　弟分。もとは、自分の弟を指す謙譲語。〔しゃてい〕

□**老爺**　年取った男。〔ろうや〕

□**落人**　戦いに敗れ、逃げ落ちた人。「平家の落人」など。〔おちうど〕

□**道化者**　滑稽な身ぶりや言葉で、人を笑わせる者。〔どうけもの〕

□**法螺吹き**　でたらめなことを言う者。〔ほらふき〕

□**先達**　先輩や指導者。「せんだち」とも読む。〔せんだつ〕

□**鉄面皮**　厚かましいこと、鉄のように、面の皮が厚いという意味。〔てつめんぴ〕

□**烏合**の**衆**　烏が集まり騒ぐように、人数ばかり多く、規律のない集まり。〔うごう〕

6 どんな「人」かわかりますか？②

●ほめたり、けなしたり、いろいろな人を表す言葉です。さて、どんな人でしょう？

□刎頸の友

□立志伝中の人

□犬公方

〔ふんけいのとも〕　硬い友情で結ばれた友人。「刎頸の交わり」は、その友人のためなら、首をはねられても悔いないほど、深い絆で結ばれた友情。中国の史書『史記』に由来。

〔りっしでんちゅうのひと〕　逆境から身を起こし、努力を重ねて成功した人。「立志伝」は、逆境のなかからはい上がり、成功した人の伝記のこと。

〔いぬくぼう〕　徳川幕府の五代将軍、徳川綱吉の別称。「生類憐みの令」を出して、犬を極端に愛護したことから。

□茶坊主

□泰斗

□大御所

□二股膏薬

□廊下鳶

〔ちゃぼうず〕　権力者の周囲にいて、媚びへつらう人。もとは、城中で茶の湯や給仕などを務めた者。剃髪して坊主の恰好をしていたため、この名で呼ばれた。

〔たいと〕　その道の大家。最も権威のある人。「泰山北斗」の略で、「泰山」は中国・山東省にある名山、「北斗」は北斗七星のこと。「憲法学の泰斗」など。

〔おおごしょ〕　第一人者として、大きな勢力を持つ者。もとは、親王の隠居所を指し、後に摂政や関白の父の尊称、退位した将軍（とくに徳川家康）の尊称として使われた。

〔ふたまたこうやく〕　状況しだいで、敵味方のどちら側にもつく人。股の内側に貼った膏薬が、左右の股に、くっついたり離れたりすることから。

〔ろうかとんび〕　用もないのに廊下をウロウロする者。もとは遊廓の言葉で、遊女を待ちわびた客が廊下を歩き回るさまを指

□**麒麟児**

□**昼行灯**

□**畏友**

□**無辜**の民

□**半可通**

□**堅物**

した。後に、官庁などの廊下を歩き回る新聞記者の代名詞に。

〔**きりんじ**〕 ひじょうにすぐれた少年。「麒麟」は中国の想像上の動物で、優れた人物をたとえるときに用いる語。

〔**ひるあんどん**〕 ぼんやりして、間の抜けた人。夜、暗がりを照らすための行灯を昼間使っても意味がないことから。大石内蔵之助はこう呼ばれていたとか。

〔**いゆう**〕 尊敬する友。「畏れる」は「おそれる」、「畏まる」は「かしこまる」と読む。

〔**むこ**〕 罪のない人々。「辜」は「つみ」と訓読みし、それが無いという意味。

〔**はんかつう**〕 よく知らないのに、知っているような顔をする人。「半可」は生半可にも使うように、未熟なこと。

〔**かたぶつ**〕 頑固できまじめな人のこと。「あんな堅物見たこと

□貴方

□癇癪持ち

□非力

□岳父

□太公望

ない」など。

〔あなた〕　対等または目下に対する呼び方。「貴方」という書き方は、敬称のようだが、現代では年配者に対して使うと失礼になる。

〔かんしゃくもち〕　神経質で怒りやすい人。「癇にさわる」も「癪にさわる」も、腹だたしくて気に入らないという意味。

〔ひりき〕　腕力や筋力、あるいは権力や勢力が弱いこと。「非力な存在」など。

〔がくふ〕　妻の父のこと。中国に「岳婿山」という山があり、「婿」の上にある「岳」は「嫁の父」というシャレから生まれた語。

〔たいこうぼう〕　魚を釣る人。釣りが好きな人。古代中国の周の時代、呂尚が釣りをしていると、文王が「あなたこそ、父・太公の待ち望んでいた人」と言って、自分の師とした。以来、呂尚を「太公望」と呼んだことから。

●職人・商人にまつわる漢字を集めてみました。読んでください。

□研師　刃物や鏡を研ぐ人。〔とぎし〕
□塗師　漆を塗って漆細工をつくる人。〔ぬし〕
□殺陣師　映画や芝居の立ち回りの型を教える人。〔たてし〕
□石工　山から石を切り出して加工する人。〔せっこう・いしく〕
□杜氏　酒をつくる職人。〔とうじ〕
□経師屋　屏風や掛け軸を表装する職人。〔きょうじや〕
□指物師　家具職人。「江戸指物師」など。「指す」は寸法を測るという意。〔さしものし〕
□象嵌師　美術品などに模様をきざみ、はめこむ仕事をする人。〔ぞうがんし〕
□藍染屋　藍で染めた品を売る店。〔あいぞめや〕
□香具師　テキ屋のこと。縁日などで商品を巧みに売る商人。〔やし〕
□鳶職　高所作業を担当する建築関係の職人。単に「鳶」とも。〔とびしょく〕
□軽業師　綱渡りなどの曲芸を演じる人。〔かるわざし〕

7 よく耳にするのに、案外読めない漢字

●人の性格やキャラクターを表す漢字です。読んでください。

□賢しい

□因業

□可憐

□狡猾

〔さかしい〕　かしこくて聡明な様子。「小賢しい」となると、ネガティブなニュアンスが生じ、「小賢しい発言」などと使う。

〔いんごう〕　頑固、冷たく、欲深なこと。もとは仏教用語で、前世の報いを受ける原因となる業を指す。「因業親爺」など。

〔かれん〕　いじらしく、かわいらしい。「純情可憐」「可憐な少女」など。「憐れむ可き」からきた語。

〔こうかつ〕　ずるがしこいこと。「狡い」には「ずるい」のほか、

□**茫洋とした**

□**貪婪**

□**夜郎自大**

□**慇懃**

□**姐御肌**

「わるがしこい」という訓読みもある。「猾い」も「わるがしこい」と読む。

〔**ぼうよう**〕　広すぎて見当がつかないさま。「茫洋とした人物」「茫洋とした表現」など。

〔**どんらん**〕　欲張りで、むさぼろうとするさま。「貪婪な性格」など。「貪る」も「婪る」も、「むさぼる」と読む。

〔**やろうじだい**〕　自分の力量を知らず、仲間内だけでいばること。夜郎という小国の者が大国・漢の使者に対して、尊大な態度を示したという故事から。

〔**いんぎん**〕　うやうやしく丁寧なこと。「慇懃な態度」「慇懃無礼」など。「慇」「懃」ともに、「ねんごろ」と訓読みする。

〔**あねごはだ**〕　気風がよく、頼もしげな女性の気性。「姐」一字でも「あねご」と読む。

□蒲魚

□我儘

□姑息

□磊落

□野放図

□従容とした

□颯爽とした

〔かまとと〕　知っているのに、ウブなようによそおって、知らないふりをするという意。蒲鉾が魚（トト）でできていることを知らないふりをすることから。

〔わがまま〕　自分勝手に振る舞うこと。「儘」を使う言葉には、ほかに「気儘」「意の儘」「有りの儘」などがある。

〔こそく〕　その場の間に合わせ。本来は「卑怯な」という意味はない。

〔らいらく〕　小さなことにこだわらないさま。「豪放磊落」など。

〔のほうず〕　思うままにふるまうさま。「野放図な性格」など。

〔しょうよう〕　ゆったりと落ち着いている。くつろいでいる。「従容とした態度で戦場に赴く」など。

〔さっそう〕　姿や行動がさわやかな様子。「颯爽とデビューする」など。「爽やか」で「さわやか」と読む。

●引き続き、性格やキャラクターを表す漢字です。読んでください。

□突慳貪　とげとげしい態度を表す語。〔つっけんどん〕
□剽軽　滑稽で軽快なこと。「剽軽な奴」など。〔ひょうきん〕
□辛辣　手厳しいこと。「辛辣な意見」など。〔しんらつ〕
□犀利　頭が切れ、鋭いさま。「犀利な分析」など。〔さいり〕
□独法師　一人であること。〔ひとりぼっち〕
□窶れる　やせおとろえること。〔やつれる〕
□阿婆擦れ　身持ちの悪い女性に対する罵り言葉。〔あばずれ〕
□衒学的　知識があることをひけらかす様子。〔げんがくてき〕
□憔悴　やつれること。〔しょうすい〕
□中庸　考えが偏っていないさま。「中庸な判断」など。〔ちゅうよう〕
□靡く　魅了され、心を移すこと。「草木も靡く」など。〔なびく〕

●気持ちや五感を表す漢字です。読んでください。

□啞然とする　呆れて空いた口がふさがらないさま。〔あぜん〕

□溜息　感心したり失望したときなどにつく息。「溜息まじり」。〔ためいき〕

□鬱積　不満のはけ口がなく、心にたまること。「不満が鬱積する」。〔うっせき〕

□小癪な　こざかしくて生意気な。「小癪な物言い」など。〔こしゃくな〕

□憐憫　憐れんで情けをかけること。「憫れむ」も「あわれむ」と読む。〔れんびん〕

□逡巡　しりごみしてためらうこと。「逡く」で「しりぞく」と読む。〔しゅんじゅん〕

□諦念　あきらめの気持ち。〔ていねん〕

□御冠　機嫌が悪いさま。「冠を曲げる」という成句に由来。〔おかんむり〕

□慷慨　怒って嘆くこと。「悲憤慷慨」など。〔こうがい〕

□渋面　にがにがしい顔つき。「渋面を作る」など。〔じゅうめん〕

□欣快の至り　たいへん喜ばしく、気分がいいこと。〔きんかいのいたり〕

□**冥利**に尽きる　この上ない幸せ。「男冥利に尽きる」など。〔みょうり〕
□**随喜**の涙　心からありがたいと思って流す涙。〔ずいき〕
□**幸甚**　何よりのしあわせ。「幸甚に思います」など。〔こうじん〕
□**心悲しい**　何となくもの悲しい。「心悲しい気分」など。〔うらがなしい〕
□**朦朧**とする　はっきりしていない様子。〔もうろう〕
□**瞠目**する　驚いたり感心して、目を大きく見開く。〔どうもく〕
□**歯触り**　歯で食べ物を噛んだときの感覚。「歯触りがいい（悪い）」。〔はざわり〕
□**馥郁たる**　いい香りがただよう様子。「馥り」で「かおり」と読む。〔ふくいくたる〕
□**讒言**　事実を偽って言う告げ口。「讒る」で「そしる」と読む。〔ざんげん〕
□**胡乱**　疑わしいこと。「胡乱な目つき」など。〔うろん〕
□**嘲弄**　嘲り、愚弄すること。〔ちょうろう〕
□**閑談**　無駄話。「閑談に時間を費やす」など。〔かんだん〕
□**仲違い**　仲が悪くなること。×「なかちがい」。〔なかたがい〕

8 男と女にまつわる意外な漢字

●男と女にまつわる漢字です。読んでください。

□高嶺の花

□傾城

□虜

〔たかね〕 高い嶺（山頂）に咲く花。見るだけでふれられないという意から、「手を出せない女性」のこと。「彼女は高嶺の花だ」など。

〔けいせい〕 絶世の美女。君子を夢中にさせ、城を傾けさせることから。「傾国」も同じ意味。

〔とりこ〕 生きたまま捕らえた敵。そこから「虜になる」で、あるものに心を奪われた状態を指す。

□恋慕

□蜜月

□嬶天下

□三行半

□耽溺

□甲斐性

〔れんぼ〕　恋い慕うこと。「横恋慕」は、恋人や夫婦の間に割り込むような恋心をいだくこと。

〔みつげつ〕　英語のハネムーンを意訳し、漢字を当てたもの。「蜜月旅行」はハネムーンのこと。「日韓の蜜月時代」のように比喩的にも使う。

〔かかあでんか〕　妻が強く、夫の頭がどうにもあがらないこと。「嬶天下に空っ風」は上州名物といわれる。

〔みくだりはん〕　江戸時代、夫が妻にわたした離縁状。離婚の理由などを三行半で書いたことから。

〔たんでき〕　（酒や女に）夢中になってはまること。「耽る」は「ふける」と読む。

〔かいしょう〕　立派で頼りがいあること。「甲斐性がない」は頼りないという意。

□偉丈夫

□琴瑟相和す

□同衾

□鴛鴦の契り

□労る

□お目出度

□窈窕

〔いじょうふ〕　体がたくましくて立派な男。「堂々たる偉丈夫」など。「丈夫」につられて、「いじょうぶ」と読まないように。

〔きんしつあいわす〕　琴と瑟（中国の弦楽器）の音がよく合うように、夫婦仲がいいこと。「瑟」は「おおごと」と訓読みする。

〔どうきん〕　男女がいっしょに寝ること。「衾」は「ふすま」と訓読みし、寝るときに使う夜具のこと。

〔えんおうのちぎり〕　夫婦仲がむつまじいこと。「鴛鴦」はつがいの仲がいいとされるおしどりのこと。

〔いたわる〕　弱い立場の人に親切に接する。「妻を労る」など。「労う」と書けば「ねぎらう」と読む。

〔おめでた〕　めでたいこと。とくに、妊娠や出産をさす。

〔ようちょう〕　美しく、しとやかなさま。「窈窕とした美人」など。「窕しい」で「うつくしい」と読む。

第11章 「食」と「身体」の言葉は難読漢字の宝庫です

ふだんよく耳にしている食べ物周辺の言葉も、漢字で書かれると、案外、読めないもの。難読文字が多い植物や魚の名前が食べ物の名にも使われていることが、難読化の一因のようです。

この項には、今でも漢字で書くことが多い、食べ物周辺の言葉と、暮らしをめぐる言葉を集めました。朝飯前とばかりに、お読みください。

1 食べ物をめぐる漢字①

●食べ物をめぐる言葉です。読んでください。

□牡蠣

□重湯

□蚕豆

〔**かき**〕 食用の貝。昔、カキには牡(おす)しかいないと思われていたことから、この字を当てるようになったとみられる。「蠣」一字でも「かき」と読む。「牡蠣鍋」など。

〔**おもゆ**〕 米を炊いたときにできる糊(のり)状の汁。流動食として使われる。

〔**そらまめ**〕 マメの一種。サヤの形が蚕の繭(まゆ)に似ていることから、こう書く。「空豆」とも書く。

□白焼き

□舌鼓

□銀舎利

□柳川

□青柳

〔しらやき〕　魚にタレをつけず、そのまま焼くこと。「鰻の白焼き」など。×「しろやき」。

〔したつづみ〕　おいしい料理を食べたとき舌を鳴らすこと。鼓は楽器の「つづみ」であり、「したつづみ」と読むのが正しいが、発音しにくいこともあって「したづつみ」と読む人が多い。辞書は「したつづみ」を見出し語とし、「したづつみ」をその「転」としていることが多い。

〔ぎんしゃり〕　ご飯のこと。「舎利」は本来遺骨を意味するが、寺院で隠語として白飯を意味するようになった。

〔やながわ〕　泥鰌(どじょう)とゴボウを煮て卵でとじた料理。九州の柳川市も「やながわ」と読む。

〔あおやぎ〕　バカ貝の身の寿司ネタとしての名前。かつての産地、千葉県市原市の青柳という地名に由来する。

□老舗

□黄粉

□温州蜜柑

□河豚

□割烹

□冷奴

〔しにせ〕　長く続いている店。語源は「（前に）似せる」という意味の「為似す」とみられ、老舗と書くのは典型的な熟字訓。

〔きなこ〕　大豆を煎ってひいた粉。こう書くのは文字どおり「黄色い粉」だから。「黄粉餅」など。

〔うんしゅうみかん〕　江戸初期、中国浙江省の温州から、もたらされたので、この名に。×「おんしゅう」。

〔ふぐ〕　うまいが毒性をもつ魚。「河豚は食いたし命は惜しし」など。俗に「鉄砲」と呼ぶのは、「当たる」と命を落とすから。なお「海豚」と書くと「イルカ」。

〔かっぽう〕　肉を割いて、烹ることから、もとは調理するという意味。今は、料理を出す店という意味で使われている。「大衆割烹の店」など。

〔ひややっこ〕　冷やした豆腐。昔、主人の槍をもつ奴の衣装紋が豆腐と同じ正方形だったことから。

□旨味

□沢庵

□南瓜

□饅頭

□佃煮

〔うまみ〕　おいしい味。「旨味がある取引」など、商売などでいい思いをするという意味でも用いる。

〔たくあん〕　ダイコンを干し、塩づけにしたもの。沢庵和尚の名に由来するという説は俗説。「たくわえ漬け」が変化したとみられる。

〔かぼちゃ〕　カンボジアから伝わり「かぼちゃ」という名に。

〔まんじゅう〕　皮で餡などを包んだお菓子。「まんとう」とも読む。

〔つくだに〕　小魚などを醤油などで煮た食べ物。江戸の佃島で作られたことから。

●引き続き、よく耳にしている食べ物をめぐる言葉。読んでください。

□**出汁**　カツオなどを煮出してとった旨味。〔だし〕

□**海苔**　のり巻きのノリ。「浅草海苔」など。〔のり〕

□**尾頭付き**　頭から尾までついた祝い用の焼き魚。×「御頭付き」。〔おかしらつき〕

□**海の幸**　海でとれる魚介類。山でとれる山菜や獣は「山の幸」。〔うみのさち〕

□**煮凝り**　ゼラチン質の多い魚を煮て冷まし、煮汁とともに固めた料理。〔にこごり〕

□**湯気**　湯の表面からたちのぼる水蒸気。〔ゆげ〕

□**柚子**　酸味の強い柑橘(かんきつ)類の一種。「柚」一字でも「ゆず」と読む。〔ゆず〕

□**惣菜**　おかずのこと。〔そうざい〕

□**烏賊**　一〇本足の軟体動物。「烏賊の塩辛」など。〔いか〕

□**海老**　腰が曲がったような形を老人に見立てて、こう当て字した。〔えび〕

□**蕗**　早春の野草。おもに茎の部分を食べる。〔ふき〕

□**蒟蒻**　おでんなどにして食べるコンニャク。〔こんにゃく〕

□**一尾**　「尾」は魚を数える単位。魚一匹の意。〔いちび〕

2 食べ物をめぐる漢字②

●これらも、食べ物をめぐるおなじみの言葉ぞろい。読んでください。

□西瓜
□冬瓜
□胡瓜
□牛蒡

〔すいか〕 夏の果物。西方から伝わったので「西瓜」。「西瓜割り」など。

〔とうがん〕 身の白い大きな野菜。冬の瓜と書くが、旬は夏。ただし、冬まで貯蔵することができる。

〔きゅうり〕 浅漬けなどにする野菜。「黄色い瓜」からきた名。

〔ごぼう〕 長く茶色い根菜。「牛蒡抜きにする」は、牛蒡を土から一気に引き抜くさまから。

□粽
□葱
□胡桃
□素麺
□備長炭
□唐揚げ
□精進料理

〔ちまき〕 細長い餅菓子。五月五日の節句に食べる。
〔ねぎ〕 薬味などにするネギ。「分葱」は「わけぎ」と読む。なお「浅葱色(あさぎいろ)」は薄い緑色、「萌葱色(もえぎいろ)」は明るい緑色。
〔くるみ〕 殻の中の実をたべる果実。「胡(西域)からきた桃」という意味。「胡桃割り人形」など。
〔そうめん〕 小麦粉でつくる細い麺。もとは「索麺」だったが、「素麺」と書き間違えられて定着した。なお「索」は縄のことで、縄のように細長いという意味。
〔びんちょうたん〕 和歌山県産の質のいい木炭。現代では、良質の炭の代名詞のように使われている。「びんちょうずみ」ともいう。
〔からあげ〕 衣をつけず、小麦粉などをすこしまぶすだけで、魚や肉などを揚げたもの。「空揚げ」とも書く。
〔しょうじんりょうり〕 肉や魚を使わず、米や野菜などでつくる料理。「五薫(ごくん)」と呼ばれるニラやニンニクなど、五種類の匂いの

□早生

□強力粉

□李

□自然薯

□柳葉魚

□地鶏

強い野菜も用いない。

〔わせ〕　早く実をつける作物。比喩的に、早熟なこと。反対語は「晩生(おくて)」。こちらは、成熟がおそいという意味もある。

〔きょうりきこ〕　粘りが強い小麦粉の種類。×「きょうりょくこ」。反対は「薄力粉(はくりきこ)」。

〔すもも〕　中国原産の甘酸っぱい果実。「桃も李も、もものうち」は有名な早口言葉。

〔じねんじょ〕　山に自生するヤマノイモ科の細長いイモ。粘りと滋養がある。

〔ししゃも〕　北海道に生息する細長い海水魚。「子持ち柳葉魚」など。

〔じどり〕　日本産の鶏の総称。

●読みこなすのは少々厄介な、食べ物をめぐる言葉。読んでください。

□落雁　型押しして作る干菓子。〔らくがん〕

□陳皮　みかんの皮を乾燥させた香料。七味唐辛子にも混ぜられている。〔ちんぴ〕

□山葵　ピリリと辛い香辛料。〔わさび〕

□大蒜　強い匂いを放つ野菜。古名は「おおびる」。〔にんにく〕

□銘々皿　食べ物を一人分ずつに取り分けるための皿。〔めいめいざら〕

□辛子明太子　たらこを唐辛子に漬け、熟成させたもの。〔からしめんたいこ〕

□葛根湯　代表的な漢方薬。風邪などに効く。〔かっこんとう〕

□活魚料理　生きている魚をその場でさばき、調理する料理。〔かつぎょりょうり〕

□茄子　夏に旬を迎える野菜。〔なす〕

3 食べ物をめぐる漢字③

●引き続き、食べ物をめぐる言葉です。読んでください。

□水団

□厨房

□土筆

□壬生菜

〔すいとん〕 小麦粉の団子を入れた汁のこと。団を「とん」と読むのは、遅れて入ってきた唐音。「布団」も同様。

〔ちゅうぼう〕 調理場。台所。「厨」の訓読みは「くりや」(台所を指す古語)。

〔つくし〕 早春に芽吹き、食用になる野草。スギナの胞子茎。形が筆に似ているところから、この字が当てられた。

〔みぶな〕 京都市内の壬生地方で栽培されてきた野菜。香りが

□若布

□据膳

□肉汁

□早場米

□公魚

□秋刀魚

よく、辛みがあって漬物にする。

〔わかめ〕　味噌汁などに入れるワカメのこと。なお「若芽」と書くと、植物全般の若い芽のこと。

〔すえぜん〕　人に食事の膳の準備をしてもらうこと。「据膳を食う」など。

〔にくじゅう〕　肉を焼いたり、煮出したときの汁。「にくじる」と読んでも間違いではない。

〔はやばまい〕　秋早くに出荷される新米。一方、稲の収穫期の遅い地方でとれる米は「遅場米」。

〔わかさぎ〕　全長15センチほどの食用になる淡水魚。氷上での穴釣りは真冬の風物詩。

〔さんま〕　日本の代表的な大衆魚。秋を旬とし、刀のように細長い魚だから、この字が当てられた。

□霜降り

□鉄火丼

□蒲焼

□丑の日

□煎茶

〔しもふり〕　牛肉などの赤身に白い脂がまじっている状態。白い点々や筋の様子が、霜がおりたようであるところから。

〔てっかどん〕　マグロの刺身を寿司飯にのせて食べる丼物。その赤さが熱した鉄の色に似ているところから。

〔かばやき〕　鰻などを串刺しにしてタレをつけて焼く料理。昔は鰻を開かず、輪切りにして串に刺していたので、その形が蒲（がま）の穂に似ていたところから。

〔うしのひ〕　十二支のうち、丑にあたる日。いまも、土用（＝立秋前の一八日間）の丑の日には、鰻を食べる習慣が残っている。

〔せんちゃ〕　新芽を製茶したもの。なお、焙じ茶は、煎茶や番茶を火であぶり、焦がし気味に焙じた茶。

4 お酒をめぐる漢字

●お酒をめぐる言葉です。読んでください。

□鰭酒

□縄暖簾

□自棄酒

□御愛想

〔ひれざけ〕 フグやエイのひれを焼いて入れ、熱燗で飲む酒。独特の香ばしい味と香りを楽しめる。

〔なわのれん〕 縄のすだれ。居酒屋の代名詞として使われている。

〔やけざけ〕 自棄を起こして、前後の見境なく飲む酒。「自棄酒をあおる」など。

〔おあいそ〕 店の勘定のこと。「御愛想、お願いします」など。

□**泡盛**

□**酒蔵**

□**酒池肉林**

□**貴腐**ワイン

□**嗜む**

□酒を**呷る**

〔**あわもり**〕 沖縄名物の焼酎。米から造る。泡盛を三年以上寝かせたものは「古酒」(くうす)と呼ばれる。

〔**さかぐら**〕 酒をつくり、貯蔵する蔵。酒盛りや酒場同様、「さか」と読む。なお、「しゅぞう」と読むのは「酒造」のほう。

〔**しゅちにくりん**〕 贅を極めた酒宴。中国の殷の王が、池に酒をたたえ、肉を林のように木々にぶらさげて、宴を催したことから。だから、「酒池肉林」という語は、本来はセックスに関する意味合いを含まない。

〔**きふ**〕 貴腐ブドウから作られるワイン。「貴腐」とは、ブドウの果皮にカビを繁殖させ、水分を蒸発させた状態を指す。

〔**たしなむ**〕 好んで親しむ。「酒は嗜む程度です」など。

〔**あおる**〕 勢いよく、ぐいぐいと酒を飲むこと。

●中国語っぽい読み方をする食べ物の名前です。読んでください。

□拉麺　一般的にこう書く。「拉」は引っ張るという意味。〔らーめん〕

□雲呑　スープに浮かぶギョーザのような包みを「雲」に見立て、こう書く。〔わんたん〕

□焼売　点心の一種。なお、崎陽軒(きようけん)の焼売は「シウマイ」と表記する。〔しゅうまい〕

□湯麺　炒めた野菜や肉をのせた塩味の中華そば。〔たんめん〕

□叉焼　豚肉を砂糖、酒、醤油に浸し、焼いたり、蒸し焼きにする料理。〔ちゃーしゅー〕

□豆板醤　ソラマメなどを発酵させた唐辛子入りの辛い味噌。〔とうばんじゃん〕

□飲茶　茶を飲みつつ、点心類を食べる軽い食事。〔やむちゃ〕

□辣油　胡麻油に赤唐辛子を入れた調味料。〔らーゆ〕

●台所と料理をめぐる漢字です。読んでください。

□薬罐 湯を沸かす道具。「薬罐頭」は、ハゲ頭の意。〔やかん〕

□杓文字 ご飯や汁をすくう道具。〔しゃもじ〕

□お櫃 ご飯用の器。なお、「米櫃」は「こめびつ」と濁音で読む。〔おひつ〕

□御強 赤飯。餅米の蒸し飯。この場合の「強」には固いという意味がある。〔おこわ〕

□俎板 食材を切るときに使う板。「俎」一字でも「マナイタ」と読む。〔まないた〕

□什器 日常でつかう家具や道具。〔じゅうき〕

□掻卵 卵をほぐしていれた吸い物。〔かきたま〕

□出涸らし 日本茶を何度も煎じ、味が薄くなったもの。〔でがらし〕

□糠床 糠味噌漬け用の漬物床。〔ぬかどこ〕

□蒸籠 食品を蒸す調理道具。「せいろう」とも読む。〔せいろ〕

□薄荷 シソ科の多年草。清涼感のある香りが特徴。〔はっか〕

□蕨 山菜の一種。新芽を食べる。〔わらび〕

□分葱 ユリ科の野菜で、ネギの変種。ぬたや薬味にする。〔わけぎ〕

□椰子　実はココナツ。油もとれる。〔やし〕

□八朔　柑橘類の一種。〔はっさく〕

□玉蜀黍　食用のほか飼料にもなる。〔とうもろこし〕

□甘薯　サツマイモの別名。〔かんしょ〕

□雑煮　すまし汁や味噌汁に餅を入れたもの。正月に食べる。×「ざつに」。〔ぞうに〕

□酒粕　日本酒を醸造するさいに残るカス。粕汁などに用いる。〔さけかす〕

□猪口　さかずきのこと。〔ちょこ〕

□茶巾　茶席で使う茶碗をぬぐうための布。〔ちゃきん〕

□砥石　刃物などを研ぐ石。〔といし〕

5 「衣」と「住」についての知っておきたい漢字

●食の次は「衣」と「住」。読みこなしてください。

□飛白

〔かすり〕　かすったような文様がある織物や染物。「絣」とも書く。

□作務衣

〔さむえ〕　僧侶が農作業や掃除をするときに着る衣服。「作務」は修行のための労働という意。

□襦袢

〔じゅばん〕　和服用の下着。「じゅばん」という音は、ポルトガル語がなまったという説が有力。「襦」一字では「はだぎ」と読む。

□草鞋

〔わらじ〕　藁で作った履き物。「草鞋を履く」で「旅に出る」とい

□草履

□三和土

□天窓

□漆喰

□障子

□手摺

□絨毯

う意。「二足の草鞋をはく」は、二つの職業につくという意。

〔ぞうり〕　藁や竹の皮を編んで作った履き物。「草履掛けで出かける」など。

〔たたき〕　日本家屋の土間のこと。土、石灰、石の三種を混ぜたもので、土間の床を叩き固めたところから。

〔てんまど〕　光を採るために、屋根にあけた窓。「てんそう」ではない。

〔しっくい〕　消石灰に繊維などを加え、水で練ったもの。壁や天井をこれで塗りあげてつくる。「姫路城の漆喰塗りの白壁」など。

〔しょうじ〕　部屋の仕切りや明かりとりに用いる建具。「障子に目あり」など。

〔てすり〕　階段や廊下などの手すり。

〔じゅうたん〕　毛織物のカーペット。「ペルシャ絨毯」など。なお、

□茅葺

□囲炉裏

□更地

□縁側

□軒先

□反物

と。「絨毯爆撃」は、とくに目標物を定めず、一面に爆弾を落とすこ

〔かやぶき〕 茅で葺いたもの。「茅葺屋根」など。

〔いろり〕 床を四角く切り抜いてつくった炉。居間の真ん中を掘り抜いて、煮炊きや暖房として使った。「囲炉裏端」など。

〔さらち〕 手を加えていない状態の土地。「古家を撤去し、更地に戻す」など。

〔えんがわ〕 座敷の庭に面したところにある細長い板敷きの部分。

〔のきさき〕 屋根の下の端。「干し柿を軒先に吊るす」「軒先を借りて雨宿りする」など。

〔たんもの〕 大人一人分の着物をつくるのに必要な量の織物。

●引き続き「衣」「住」周辺の漢字です。読んでください。

□股引　ズボンの下にはく下着。〔ももひき〕

□浴衣　木綿製の一重の着物。「浴衣がけ」など。〔ゆかた〕

□半纏　丈の短い和風の上衣。〔はんてん〕

□木綿　綿から作った糸や布。「きめん」と誤読しないように。〔もめん〕

□正絹　混じりけのない絹や絹織物。×「せいけん」。〔しょうけん〕

□晒布　晒して白くした綿布。「晒布を巻く」など。〔さらし〕

□法被　祭りで着る半纏(はんてん)のこと。〔はっぴ〕

□機織　織機で布や織物を織ること。〔はたおり〕

□外套　服の上にはおるコート。「套」にはつつむという意味がある。〔がいとう〕

□氷室　氷を貯蔵しておくところ。〔ひむろ〕

□納屋　農具などを納めておく小屋。〔なや〕

□門扉　建物の門の扉。×「もんとびら」。〔もんぴ〕

6「道具」についての知っておきたい漢字

●道具の名前は、特殊な読み方をする熟字訓の宝庫。読みこなせますか？

□団扇

〔うちわ〕　風をおくる道具。「左団扇で暮らす」といえば、暮らし向きに余裕があるさま。この「団」には丸いという意味がある。

□煙管

〔きせる〕　タバコを吸う道具。「キセル乗車」は、煙管が両端だけ〝金(かね)〟でできていることから、途中の運賃を支払わないことを指す。

□塵箱

〔ごみばこ〕　ゴミくずを入れる箱。「ちりばこ」と読むのも可。

□紙縒

〔こより〕　紙に縒りをかけ、紐のようにしたもの。「かみより」↓

□箪笥

□屏風

□梯子

□短冊

□徽章

□湯湯婆

「こより」と変化したとみられる。

〔たんす〕 衣類などを入れる収納家具。「茶箪笥」「船箪笥」など。「箪笥預金」は銀行に預けず、箪笥の中に現金をしまっておくこと。

〔びょうぶ〕 室内に立て、仕切りに用いる調度。「屏う」で「おおう」と読む。

〔はしご〕 高いところに登る道具。「梯子をはずされる」は味方に裏切られること。「梯子酒」は何軒も飲み屋を回って飲むこと。

〔たんざく〕 俳句や短歌を書くための細長い厚紙。「冊」には「ふみ」という訓読みがある。

〔きしょう〕 帽子や衣服につける印。「記章」とも書く。「徽」には「しるし」という訓読みがある。

〔ゆたんぽ〕 中に湯を入れ、足などを暖める道具。もとは中国語

□背嚢

□蝋燭

□天秤

□抽斗

□薬玉

□懐炉

の「湯婆(たんぽ)」で、日本に入ってきてから、もうひとつ「湯」がついた。

〔はいのう〕 背中に背負う物入れ。リュックサック。「嚢」の訓読みは「ふくろ」。

〔ろうそく〕 明かりを灯すローソク。「燭」には「ともしび」という訓読みがある。

〔てんびん〕 横棒の両端に皿をつるして、重さをはかる道具。「天秤にかける」は、ものの重さをはかるように、有利不利を判断するさま。「秤」の訓読みは「はかり」。

〔ひきだし〕 机やタンスの引き出し。「抽く」で「ひく」と読む。

〔くすだま〕 運動会や式典、開店祝いなどで使う飾り物。

〔かいろ〕 衣服の内側に入れ、身体を温める道具。懐に入れる炉。

●引き続き、さまざまな道具を表す漢字です。読んでください。

□刷毛　ブラシのこと。　〔はけ〕

□蒲団　綿入りの寝具。「布団」とも書く。　〔ふとん〕

□脚立　踏み台の一種。　〔きゃたつ〕

□塵紙　鼻をかむときなどに使う粗末な紙。　〔ちりがみ〕

□独楽　回るおもちゃ。　〔こま〕

□双六　サイコロを振ってコマを進める遊び。　〔すごろく〕

□算盤　珠を動かして計算する道具。「算盤ずく」。　〔そろばん〕

□剃刀　ひげを剃る刃物。頭が切れることの形容にも。　〔かみそり〕

□曲尺　大工が使う直角に折れ曲がった形の物差し。　〔かねじゃく〕

□炬燵　暖房具の一種。　〔こたつ〕

□炭団　木炭や石炭の粉末を丸めて固めた燃料。　〔たどん〕

□魚籠　釣った魚を入れておく容器。「尾籠」「魚籃」とも書く。　〔びく〕

□**甲冑** 甲は「かぶと」、冑は「よろい」のこと。〔かっちゅう〕

□**蚊帳** 寝床を蚊から守る網。〔かや〕

□**手拭い** 手や顔をぬぐう布。「手拭き」は「てふき」と読む。〔てぬぐい〕

□**奉書紙** 上質の純白の和紙。×「ほうしょし」。〔ほうしょがみ〕

□**硯箱** 書道で使うすずりや筆を入れておく箱。〔すずりばこ〕

□**裁ち鋏** 布地裁断用の大きめの鋏。〔たちばさみ〕

□**衝立** 部屋を区切る立て板。〔ついたて〕

□**鍔** 刀の部位。手を保護する役割がある。「鐔」とも書く。〔つば〕

□**脇息** 座ったときに肘をかける肘掛け。〔きょうそく〕

□**手斧** 大工道具。「ておの」と読めば小さな斧。〔ちょうな〕

□**鍬** 田畑を耕すときにつかう道具。〔くわ〕

□**床几** 折り畳み式の腰掛け。〔しょうぎ〕

□**巾着** 口を紐でくくるタイプの布や革でつくった袋。〔きんちゃく〕

□**箒** ゴミを掃きとる道具。「帚」も同じように読む。〔ほうき〕

7 頭からつま先まで…身体をめぐる漢字

●「顔」や「身体」をめぐる言葉です。読んでください。

□眦

□瞼

□血眼

□口吻

〔まなじり〕 目じり。「眦を決する」は目を見開くことで、決意を固めて事にのぞむという意味。

〔まぶた〕 眼球を覆い、目を閉じたり開いたりする皮膚。「瞼の母」は、記憶に残る母の面影。

〔ちまなこ〕 逆上のあまり、目を血走らせること。「血眼になる」は、他のことは忘れて、一つのことに専心すること。

〔こうふん〕 口もとや口先。言いぶりや口ぶり。「口吻を漏らす」は言葉のはしばしに気持ちが現れるという意の慣用表現。

□睫毛

□体躯

□靭帯

□椎間板

□淋巴腺

□痛痒

〔まつげ〕 瞼のふちから生えている毛。「睫毛を読まれる」は、だまされること、あるいはみくびられること。

〔たいく〕 体格。からだ。「堂々とした体躯」など、立派な体格に対して使うのが似合う語。

〔じんたい〕 骨をつなげている組織線維。「靭」は丈夫でしなやかなこと。

〔ついかんばん〕 脊椎で骨と骨をつなぐ軟骨。骨が受ける衝撃を和らげる働きをする。「椎」には背骨という意味がある。

〔りんぱせん〕 リンパ管の各所にあり、病原菌などから体を守る免疫機能を受け持つ器官。

〔つうよう〕 痛いことと痒(かゆ)いこと。「痛痒を感じない」は痛くもかゆくもないという意味。

●人の「笑い方」は様々です。読んでください。

□哄笑　大口をあけての大笑い。〔こうしょう〕
□嬌笑　なまめかしい笑い。女性の笑い方専用の言葉。〔きょうしょう〕
□苦笑　にが笑い。〔くしょう〕
□嘲笑　嘲るような笑い。「嘲笑う」で「あざわらう」と読む。〔ちょうしょう〕
□冷笑　馬鹿にした冷やかな笑い。〔れいしょう〕
□忍び笑い　こっそりと笑う。〔しのびわらい〕
□失笑　おかしさに耐えきれず、吹き出して笑う。〔しっしょう〕
□呵々大笑　からからと笑うこと。〔かかたいしょう〕
□破顔一笑　顔をほころばせて、笑うこと。〔はがんいっしょう〕
□爆笑　どっと笑うこと。〔ばくしょう〕
□憫笑　哀れんで笑うこと。〔びんしょう〕

●引き続き、「顔」をめぐる言葉です。読んでください。

□**土気色**の顔　土のような色になった顔。やつれた顔を表すときの代名詞。〔つちけいろ〕

□鬼の**形相**　激しい感情や真剣さが表れた恐い顔つき。〔ぎょうそう〕

□**強面**　恐い顔つき。〔こわもて〕

□**親不知**　最も奥に生えてくる奥歯。〔おやしらず〕

□**旋毛**　頭頂部にある、毛が渦のように巻いている部分。〔つむじ〕

□**咀嚼**　食べ物を嚙むこと。物事の意味を味わうこと。「含意を咀嚼する」など。〔そしゃく〕

□**素肌**　衣類を身につけていない肌。化粧をしていない肌。〔すはだ〕

□**鉤鼻**　鋭く曲がった鼻柱が「かぎ」のように見える鼻。〔かぎばな〕

□**二重瞼**　瞼の皮が二重になっている状態。〔ふたえまぶた〕

□**反っ歯**　前歯が斜め前方に反りだしている状態。〔そっぱ〕

□**後れ毛**　ほつれて下がった女性の髪。〔おくれげ〕

□**産毛**　生まれたときから、生えている柔らかく薄い毛。細く薄い毛の総称。〔うぶげ〕

□**三白眼**　黒目のまわりの三方向に白目があり、黒目が上方に寄っている目。〔さんぱくがん〕

□**白髪**　白くなった髪。〔しらが・はくはつ〕

□**雀斑**　顔に現れる茶褐色の斑点。〔そばかす〕

●引き続き、よく耳にする「体」に関係する言葉です。読んでください。

□**猪首**　イノシシのように太くて短い首。〔いくび〕

□**痩躯**　やせた体つき。〔そうく〕

□**鎖骨**　肩に向かって伸びている細長い骨。〔さこつ〕

□**脛骨**　膝から足首までの骨のうち、内側の太いほうの骨。〔けいこつ〕

□**鳩尾**　胸の真ん中のくぼんだところ。急所の一つ。〔みぞおち〕

□**臀部**　尻のこと。〔でんぶ〕

□**膵臓**　胃のそばにある消化器(腺)。〔すいぞう〕

□**毛脛**　毛深いすね。脛は、膝から踝までの間を指す。〔けずね〕

□**大腿筋**　太股にある筋肉の総称。〔だいたいきん〕

□**臍帯**　へその緒。〔さいたい〕

□**静脈**　血液を毛細血管から心臓へと運ぶ血管。〔じょうみゃく〕

□**胆嚢**　肝臓の下にある袋状の器官。胆汁を排出する。〔たんのう〕

□**上背**　身長のこと。「上背がある」（背が高いこと）など。〔うわぜい〕

□**胡坐**　足を組んですわること。「胡坐をかく」など。〔あぐら〕

□**肋骨**　あばら骨のこと。「じょこつ」と読まないように。〔ろっこつ〕

□**筋骨**　筋肉と骨。体つき。「筋骨隆々」は、筋骨が盛り上がっている様子。〔きんこつ〕

□**腋下**　わきの下。「エキ」は「腋」の音読み。「わき」と読むのは訓読み。〔えきか〕

□**口蓋**　口の中の上側の壁。「口蓋垂」は、「のどちんこ」のこと。〔こうがい〕

□**反身**　からだを後方に反らせること。「反身になる」など。〔そりみ〕

□**総毛立つ**　寒さや恐怖で身の毛がよだつこと。〔そうけだつ〕

第12章　日本の伝統と歴史にまつわる漢字です

伝統芸能や茶道にまつわる言葉は、いわば昔の〝業界用語〟。その分、変わった読み方をする言葉が多数含まれています。

それらの言葉も、年月を経るなか、日本語の中に定着し、慣用句に使われるケースが多くなって、日本語のなかで重要な地位を占めることになりました。

この項には、伝統芸能、宗教関係など、歴史を感じさせる言葉を集めました。読みこなしてください。

1 伝統芸能にかかわる漢字が読めますか？

●伝統芸能周辺の漢字です。読んでください。

□黒衣

□科白

□謡曲

〔くろご〕　歌舞伎役者の後ろに控え、演技の手助けをする黒い衣服を身につけた人。なお「黒子」は「くろご」とも「ほくろ」とも読む。

〔せりふ〕　役者が芝居でいう言葉。「科」はしぐさ、「白」は言うという意味。「台詞」は日本製の当て字。「科白に詰まる」「どこで覚えた科白だ」など。

〔ようきょく〕　能や狂言などで節をつけて歌う詞。なお、結婚式で謡われる「高砂」は世阿弥の作。「謡」一字で「うたい」と読む。

□幇間

□大向こう

□櫓太鼓

□表千家

□出囃子

□大舞台

□稽古

〔ほうかん〕　いわゆる男芸者。酒席を盛り上げるため、芸を披露したり、あれこれ気をくばる役回り。「たいこもち」とも読む。

〔おおむこう〕　劇場の奥の立見席。「大向うを唸らせる」は、目の肥えた見物客をうならせるほどの芸を見せるという意。

〔やぐらだいこ〕　歌舞伎や相撲で、開演の知らせなどとして、櫓で打つ太鼓のこと。「両国界隈に櫓太鼓の音が響く」など。

〔おもてせんけ〕　茶道の流派の一つ。「千家」は茶道の大成者、千利休の血筋を引く家柄。他に「裏千家」「武者小路千家」がある。

〔でばやし〕　落語家が高座に上がるときに流される三味線や太鼓による音楽。

〔おおぶたい〕　大きくて立派な舞台。「初めて大舞台に上がる」など。×「だいぶたい」。

〔けいこ〕　教わったことを練習すること。もとは学問するという意。

●引き続き、伝統芸能周辺の言葉です。読んでください。

□幕間　芝居や歌舞伎で一幕終わったあとの休憩時間。×「まくま」。〔まくあい〕
□梨園　歌舞伎界のこと。「梨園の御曹司」など。〔りえん〕
□演目　寄席や芝居の題名。〔えんもく〕
□一幕物　一幕で話が終わる芝居。×「いちまくもの」。〔ひとまくもの〕
□寄席　落語・講談などを催す場所。〔よせ〕
□噺家　落語家のこと。〔はなしか〕
□真打　落語家のランクのうち、最上位。〔しんうち〕
□家元　その芸道を伝える本家。〔いえもと〕
□宗家　家元と同じ意味で芸道を伝える本家。〔そうけ〕
□世襲　職業や地位を、子供が代々受け継ぐこと。〔せしゅう〕
□嫡流　本家の正統の家すじ。〔ちゃくりゅう〕
□薪能　薪の火を照明がわりにして、夜におこなう能。〔たきぎのう〕

□仕手　能や狂言における主役。そこから「仕手株」などの言葉が生まれた。〔して〕

□金春流　能楽の仕手をつとめる流派の一つ。〔こんぱるりゅう〕

□室礼　茶室などの部屋の飾りつけ。「設い」に当て字をした書き方。〔しつらい〕

□花入　花瓶や花立てなど、花を生けるための器。〔はないれ〕

□蒔絵　漆工芸のひとつ。漆を塗った上に色粉をまき、器に絵柄をつける。〔まきえ〕

□桝席　劇場や相撲場で、四角い枡形に仕切ってある観客席。〔ますせき〕

□詩吟　漢詩や短歌などに独特の節をつけてうたうこと。〔しぎん〕

□戯曲　演劇でつかう台本。〔ぎきょく〕

□舞踊　舞いや踊り。「舞踏（ぶとう）」と混同しないように。〔ぶよう〕

□花柳界　芸者や遊女のいる世界。「花」も「柳」も美しさのたとえ。〔かりゅうかい〕

□花魁　江戸時代の位の高い遊女。「花魁道中」など。〔おいらん〕

□芸妓　宴席で、歌や踊りを披露して客を楽しませる芸者のこと。〔げいぎ〕

□道行物　歌舞伎で、男女の道行（駆け落ち）をテーマにした話。〔みちゆきもの〕

2 日本の長い歴史のなかで育まれてきた漢字

●時代小説でよく見かける古風な言葉です。読んでください。

□天誅
□定宿
□旅籠
□月代

〔てんちゅう〕　天罰の意。人に斬りかかるときに叫ぶ「天誅でござる！」の「天誅」。

〔じょうやど〕　いつもきまって泊まる宿。「定宿にする」など。

〔はたご〕　旅人が泊まる宿。なお、参勤交代時など、大名クラスが泊まったのは「本陣」。その次のクラスは「脇本陣」。

〔さかやき〕　武士などが額から頭にかけて、髪の毛を半月形に剃ったところ。もとは兜をかぶっても蒸れないようにするため。

□介錯
□助太刀
□草莽
□匕首
□曲者
□松明
□刺青

「月代を剃る」など。
〔かいしゃく〕　切腹する人の首を斬り落とすこと。「介錯を頼む」など。
〔すけだち〕　加勢して助けること。「助太刀つかまつる」など。
〔そうもう〕　在野であること。もとは、草の茂ったところのこと。「草莽の志士」が定番表現。
〔あいくち〕　鍔がない短刀。柄と鞘がぴったり合うので「合口」とも書く。「匕首を突きつける」など。
〔くせもの〕　用心するべき怪しい者。「曲者じゃ、であえ」など。
〔たいまつ〕　松などを束ね、火をつけたもの。「松明を掲げる」など。
〔いれずみ〕　肌を針で彫り、色をつけた絵柄。「唐獅子牡丹の刺青」など。

□不逞の輩
□梟雄
□提灯
□隠れ蓑
□御点前

〔ふていのやから〕　けしからん者。「不逞の輩を一網打尽にする」など。「不逞」は、自分勝手に振る舞い、ずうずうしいさま。

〔きょうゆう〕　悪逆で無慈悲な武将。「梟」はフクロウのこと。

〔ちょうちん〕　ろうそくを囲う、おもに携帯用の照明具。「提灯持ち」は、おべっかを使い、へつらう者。「提灯に釣り鐘」は釣り合いのとれないこと。

〔かくれみの〕　身を隠すことができるもののたとえ。「○○を隠れ蓑にする」が定番の使い方。

〔おてまえ〕　茶の湯の主人方の作法。「けっこうな御点前でした」など。

●これらは、時代小説を読むための基礎用語。読んでください。

□**身代**　財産のこと。「身代を潰す」「身代を息子に譲る」のようにつかう。〔しんだい〕

□**惣領**　家を継ぐ子。「惣領の甚六」は、長男がおっとりしていること。〔そうりょう〕

□**夷狄**　外国を敵視する言葉。「夷」「狄」とも「えびす」とも読む。〔いてき〕

□**乾門**　北西の方角にある門。「乾」（戌亥）は北西を表す。〔いぬいもん〕

□**印籠**　薬入れ。もとは印肉の器だったので、こう書く。〔いんろう〕

□**十手**　江戸時代の捕物劇での主役道具。〔じって〕

□**扶持**　江戸時代の武士の給与形態のひとつ。〔ふち〕

□**脚絆**　足を守り、動きやすくするための布。長旅の必需品。〔きゃはん〕

□**落首**　政治や世相を批判・風刺した匿名の歌。〔らくしゅ〕

□**幟**　竿に細長い布を通した旗。合戦では敵味方の識別の材料となる。〔のぼり〕

□**腑分け**　解剖のこと。江戸時代、杉田玄白らの活動を語るときに必須の言葉。〔ふわけ〕

□**緞子**　模様を織り出した厚い絹織物。〔どんす〕

□刺客　暗殺のためにおくりこまれる人。〔しかく〕

□肩衣　袖無しの上衣。〔かたぎぬ〕

□帷子　裏をつけない、ひとえの衣服。〔かたびら〕

□徒武者　徒歩の兵士。〔かちむしゃ〕

□鏑矢　射たときに風音を立てる矢。開戦時などに放った。〔かぶらや〕

●帝や王様にまつわる漢字です。失礼のないように読んでください。

□詔勅　天皇の発する公式文書。〔しょうちょく〕

□践祚　皇位を受け継ぐこと。〔せんそ〕

□勅諚　天皇の命令。「勅諚に従う」など。〔ちょくじょう〕

□廟堂　天下の政治を行うところ。貴人の霊をまつるところ。〔びょうどう〕

□御息所　天皇の寝所に侍する宮女。〔みやすどころ〕

□禅譲　権力の座を話し合いによって譲ること。〔ぜんじょう〕

□戴冠　王が初めて王冠を頭上に戴くこと。〔たいかん〕

□薨ずる　身分の高い人が死去すること。〔こうずる〕
□上疏　事情を記して、天子に差し出すこと。〔じょうそ〕
□輔弼　天皇の行う政治を助けること。「弼ける」で「たすける」と読む。〔ほひつ〕

●仏教とお寺に関係する言葉です。読んでください。

□衣鉢を継ぐ　師匠の教えを受け継ぐこと。〔いはつ〕
□輪廻転生　生き物が生まれ変わりをくりかえすこと。〔りんねてんしょう〕
□声明　僧侶が唱える声楽の総称。「せいめい」は政治家などのコメント。〔しょうみょう〕
□本地垂迹説　仏が神に姿を変えて現れたとする神仏同体説。〔ほんじすいじゃくせつ〕
□解脱　煩悩から解放されて、悟りを開くこと。〔げだつ〕
□因縁　因（起源）と縁（作用）によって結果が出るということ。〔いんねん〕
□還俗　僧籍を離れ、俗人にもどること。〔げんぞく〕
□忌中　身内から死者が出て、忌（いみ）に服す期間。通常、四十九日間。〔きちゅう〕
□衆生　人間を含め、すべての生きているもののこと。〔しゅじょう〕

□弥勒　未来に出現し、衆生を救うとされる菩薩。〔みろく〕
□観音　観世音菩薩のこと。〔かんのん〕
□求道　仏の道を求めること。転じて人の道や真理を求めること。〔ぐどう〕
□行脚　僧侶が諸国を巡ること。「選挙区を行脚する」など比喩的にも使う。〔あんぎゃ〕
□煩悩　人を悩ませる欲望。一〇八あるとされる。〔ぼんのう〕
□殺生　生きているものを殺すこと。〔せっしょう〕
□妄執　執着する心。〔もうしゅう〕
□名刹　有名な寺。「刹」は寺院のことで、「古刹」は古い寺。〔めいさつ〕
□門跡　皇族や貴族が出家して暮らした寺院。〔もんぜき〕
□塔頭　大きな寺の境内の中にある小さな寺。〔たっちゅう〕
□布施　僧侶に渡す金や品物のこと。〔ふせ〕
□在家　仏門に入らない俗人。「出家」の反対語。〔ざいけ〕
□厄除け　厄をはらいよけること。〔やくよけ〕
□護摩　護摩木をたき、無病息災などを祈る密教の行事。〔ごま〕

□**供養**　死者の霊に供物をささげ、冥福を祈ること。〔**くよう**〕

□**回向**　仏事をおこなって死者の成仏を祈ること。〔**えこう**〕

□**阿闍梨**　徳がある高僧。天台宗・真言宗の僧の位。〔**あじゃり**〕

□**虚無僧**　編み笠をかぶり、尺八を吹きながら、諸国を旅した僧。〔**こむそう**〕

□**精霊流し**　供物などを川に流して精霊をおくる行事。〔**しょうりょうながし**〕

□**和尚**　寺の住職。あるいは、僧侶を総称する言い方。〔**おしょう**〕

□**袈裟**　僧侶の衣装。「袈裟懸け」は、刀で肩口から斬り下げること。〔**けさ**〕

□**勤行**　仏道修行につとめること。読経や礼拝をすること。〔**ごんぎょう**〕

□**功徳**　先々によい結果がもたらされる、よい行い。「功徳を施す」など。〔**くどく**〕

□**今生**　この世。「今生の別れ」といえば、死に別れるという意味。〔**こんじょう**〕

□**成仏**　煩悩から解脱して、悟りを開くこと。そこから、死んで仏になること。〔**じょうぶつ**〕

□**亡者**　死者。成仏できずにいる人のこと。〔**もうじゃ**〕

□**韋駄天**　仏法の守護神のひとつ。比喩的に「足が早い人」を意味する。〔**いだてん**〕

□**鬼灯市**　浅草の浅草寺で催されるホオズキを売る市。〔**ほおずきいち**〕

●日本の神様と神社をめぐる言葉です。読んでください。

□神主　その神社における神職の長。〔かんぬし〕

□手水　神社に入る前に、手を洗い、口をすすいで清める水。〔ちょうず〕

□注連縄　神社などで、不浄なものとの境界に張る縄。「七五三縄」とも。〔しめなわ〕

□禊　重要な神事を行う前に、身を洗い清めて「穢れ」をとりのぞくこと。〔みそぎ〕

□恵方　めでたいと定められた方角のこと。〔えほう〕

□草薙剣　皇位継承のしるしである三種の神器のひとつ。〔くさなぎのつるぎ〕

□八咫鏡　これも三種の神器のひとつ。〔やたのかがみ〕

□玉串奉奠　玉串（榊）の枝に紙をつけて、神前にささげること。〔たまぐしほうてん〕

□疫病神　悪い病気を流行らせる神。比喩的に忌み嫌われる人をさす。〔やくびょうがみ〕

□天照大神　皇室の祖神。伊勢神宮に祀られている。〔あまてらすおおみかみ〕

□巫女　神につかえる女性。いわゆる「巫女さん」。〔みこ〕

□祝詞　神職が儀式で読み上げる祝福の言葉。〔のりと〕

□**柏手**　神社に参拝するさい、手のひらを打ち合わせること。〔かしわで〕
□**御神酒**　神に供える酒。〔おみき〕
□**破魔矢**　邪気を払うとされる弓の矢。初詣の縁起物。〔はまや〕
□**狛犬**　獅子をかたどった獣の像。境内の拝殿近くなどに置かれる。〔こまいぬ〕
□**賽銭**　神社にお参りしたときに奉納するお金。〔さいせん〕
□**祠**　神を祭った小さな社（やしろ）。〔ほこら〕
□**黄泉**　死者が住む世界。「黄泉の国」など。〔よみ〕
□**怨霊**　怨みをいだいて人に祟る霊。〔おんりょう〕
□**言霊**　言葉に宿ると信じられている霊力。〔ことだま〕
□**陰陽師**　陰陽道にもとづく儀式や占いを行う人。〔おんみょうじ〕
□**日本武尊**　日本の神話の英雄。数々の武勇伝がつたえられる。〔やまとたけるのみこと〕
□**地鎮祭**　建築工事の前に、土地の神を祀り、工事の無事を祈る祭事。〔じちんさい〕
□**産土神**　土地の守り神。おおむね鎮守様のこと。〔うぶすながみ〕
□**宵祭り**　本祭の前夜におこなわれる祭り。〔よいまつり〕

●以下は、仏教・神道、どちらでも使う言葉です。読んでください。

□参詣　神社や寺院に参ること。〔さんけい〕

□境内　神社や寺院の敷地。〔けいだい〕

□供物　神仏に供えささげる物。〔くもつ〕

□帰依　神や仏などを深く信じ、従うこと。〔きえ〕

□御利益　神や仏が人間や動物にあたえる利益のこと。〔ごりやく〕

□化身　神仏が人の姿でこの世にあらわれること。〔けしん〕

□権化　神仏が権（かり）に姿をかえてあらわれること。「悪の権化」など〔ごんげ〕

□灯明　神や仏に供える明かりのこと。「お灯明をあげる」など。〔とうみょう〕

●暦と年中行事に関係する言葉です。読んでください。

□朔日　毎月の始まりの一日のこと。サクジツとも読む。〔ついたち〕

□晦日　月の最後の日。〔みそか〕

□**大晦**　一年の最後の日。「おおみそか」は「大晦日」と書く。〔おおつごもり〕

□**初午**　二月の最初の午(うま)の日。稲荷神社で祭りがおこなわれる。〔はつうま〕

□**上巳**　陰暦の三月初めの巳(み)の日の祝い。今の桃の節句、雛祭り。〔じょうし〕

□**物日**　祝い事や祭りがおこなわれる日。〔ものび〕

□**新嘗祭**　初物の穀物を神に捧げて祭る行事。〔にいなめさい〕

□**重陽**　陰暦の九月九日、菊の節句。〔ちょうよう〕

□**初詣**　新年に社寺に参ること。神仏へ崇敬を表すため「詣でる」という謙譲語を使う。〔はつもうで〕

□**門松**　年の初めを祝い、家の出入り口に飾る松。歳神を招くための目印。〔かどまつ〕

□**屠蘇**　正月に長寿を願って飲む酒。本来は屠蘇散という薬を酒にひたして飲む。〔とそ〕

3 葬儀・結婚式といえば、この漢字

●葬儀・結婚式にまつわる言葉です。読んでください。

□数珠

□茶毘に付す

□香奠

〔じゅず〕　仏を拝むときに手にかける「じゅず」。もとは、念仏をあげた回数を数える道具。

〔だび〕　火葬にする。仏典で使うパーリ語の「焼身」という意味の言葉に漢字を当てたものとみられる。「荼毘」の「茶」の字に注意→「茶」ではない。

〔こうでん〕　死者にたむける香の代わりのお金。近年は「香典」と書くのが一般的。

□法会

□訃報

□悼辞

□忌明け

□経帷子

□卒塔婆

□弔問

〔ほうえ〕　故人を追善供養する儀式。仏の教えを説く会という意味もある。

〔ふほう〕　死亡の知らせ。「卜」という旁につられて、「とほう」と読まないように。

〔とうじ〕　故人の死を悼んで述べる言葉。「悼む」で「いたむ」と読む。

〔きあけ〕　喪に服する期間が明けること。おおむね、四十九日以降。「いみあけ」とも読む。

〔きょうかたびら〕　死者に着せる着物。白生地(しろきじ)にお経が記してあり、これを着ると極楽へ行けるとされる。

〔そとば〕　墓の後ろに立てる細長い木の板。先が塔のようにとがり、戒名や経文が記してある。

〔ちょうもん〕　遺族を訪ねて慰めること。また「弔慰」は、死者を

□追善

□来賓

□角隠し

□祝言

□媒酌

□酒肴料

弔い、遺族を慰めること。

〔ついぜん〕　初七日や四十九日におこなう法要。故人の魂があの世で幸せになれるよう供養する。「追善法要」など。

〔らいひん〕　結婚式などに招待されて来たお客のこと。

〔つのかくし〕　花嫁のかぶりもの。もとは「すみ（＝ひたいの生えぎわ）かくし」と読んだ。

〔しゅうげん〕　祝いの言葉。「祝言をあげる」というと、結婚式をするという意味。

〔ばいしゃく〕　結婚式でなかだちすること。仲人。

〔しゅこうりょう〕　結婚式などに招待された時にお返しに包むお金。

●葬儀と結婚式をめぐる言葉です。読んでください。

□お斎　法要の参加者にふるまわれる食事。〔おとき〕

□忌日　命日。その人が死んだときと同じ日付の日。〔きにち〕

□七回忌　七年目の命日。「ななかいき」と読まないように。〔しちかいき〕

□合祀　異なる霊や神を合わせて祀ること。〔ごうし〕

□新盆　故人が亡くなってから初めて迎える盆。〔にいぼん〕

□逝去　人が亡くなることの尊敬語。〔せいきょ〕

□亡骸　遺体のこと。「骸」の訓読みは「むくろ」。〔なきがら〕

□喪主　葬式で遺族を代表する人。〔もしゅ〕

□白無垢　上から下まで白い花嫁衣裳。〔しろむく〕

□仲人　花嫁と花婿のなかだちをする人。〔なこうど〕

□人前結婚式　宗教的要素のない結婚式。〔じんぜんけっこんしき〕

□薨去　皇族や三位以上の人が亡くなること。〔こうきょ〕

column 5

文脈で読み分けられますか？

まったく同じ熟語なのに、文脈に応じて読み方が変わる言葉です。読み分けられますか？

気骨　「きこつ」　信念に忠実で簡単に妥協しない。「気骨がある政治家」など。
　　　　「きぼね」　気苦労。気遣い。「気骨が折れる接待」など。

変化　「へんか」　変わること。「情勢変化」など。
　　　　「へんげ」　形が変わって現れること。「七変化（しち）」「妖怪変化」など。

人間　「にんげん」　ヒトのこと。「人間五十年、下天のうちに～」など。
　　　　「じんかん」　人と人の間。世間のこと。「人間に暮らす」など。

人気　「にんき」　好まれる。評判がいい。「人気者」など。
　　　　「ひとけ」　人がいる気配。「人気のない場所」など。「にんき」と区別するため、「人け」と書くことが増えている。

上手
「じょうず」巧みなこと。「言葉上手」「上手の手から水が漏れる」。
「うわて」上手投げの上手。「相手が一枚、上手だ」などとも。
「かみて」舞台の観客席からみた右側。「役者が上手から現れる」など。

心中
「しんじゅう」複数の者が自殺する。「一家心中」「無理心中」など。
「しんちゅう」心のなか。「心中を察する」など。

大家
「たいか」そのジャンルですぐれた人。「その道の大家」など。
「おおや」家主。「アパートの大家」など。

能書
「のうがき」薬などの効能書き。「能書をいう」は自分の得意なことを語ること。
「のうしょ」文字を巧みに書くこと。「能書家」など。

末期
「まっき」物事の終わりの時期。「縄文時代の末期」など。
「まつご」臨終のこと。「末期の水」など。

造作
「ぞうさく」つくること。「家の造作」など。
「ぞうさ」手間。「造作がかかる」「造作もない」など。

生物　「せいぶつ」　動植物。「水棲生物」など。
「なまもの」　煮炊きしていない食べ物。「なまもの」「ナマ物」と書くことも多い。

細目　「さいもく」　細かい点。「細目にこだわる」など。
「ほそめ」　細くあけた目。「細目で見る」など。

入会　「にゅうかい」　会に入ること。「入会案内」など。
「いりあい」　山林資源などを共同利用すること。「入会地」「入会権」など。

名代　「みょうだい」　人の代理をつとめる人。「親分の名代で」など。
「なだい」　有名な。「名代の品」など。

第13章　実はけっこう厄介なのが、形容詞と副詞です

日常的に使っている形容詞、副詞や接続詞も、漢字で書くと、たちまち難読漢字に！　漢字本来の音とは関係のない読み方をするうえ、送り仮名のつけ方しだいで、読み方が変化するためです。たとえば、「虚しい」と「虚ろな」では、読み方が違ううえ、品詞まで変わってしまいます。

というわけで、やっかいな形容詞や副詞、接続詞。きちんと読みこなしてください。

1 手ごたえのある形容詞と副詞

●日常生活でふつうに使っている言葉です。読んでください。

□疎い

〔うとい〕　物事や事情に通じていない。親しくない。「世事に疎い」「疎い関係」など。「疎ら」は「まばら」と読む。

□芳しい

〔かんばしい〕　いい香りがする。「立派」という意味もあるが、この意味では「芳しくない」と否定形で使うことが多い。なお、「芳る」は「かおる」と読む。

□著しい

〔いちじるしい〕　はっきりわかるほど目立つ様子。「著しい成果」「著しい進歩」など。なお「著す」は「(本を)あらわす」と読む。

□懐かしい

〔なつかしい〕　人や物を思い出し、心ひかれる。「昔懐かしい」「懐

□雄々しい

□微かに

□頑な

□禍々しい

□厳めしい

かしのメロディ」など。「懐」一字では「ふところ」と訓読みする。

〔おおしい〕　力強く男らしい様子。「雄々しく立ち向かう」など。反対の言葉は「女々しい」だが、こちらは女性差別的な言葉として、使いにくくなっている。

〔かすかに〕　わずかに。「微かな記憶」「微かな香り」など。「幽かに」とも書き、こちらは「幽かに見える」など、ぼんやり見えるさま。

〔かたくな〕　意地を張り、態度や意見を変えようとしないさま。「頑なな性格」「頑なに口を噤（つぐ）む」など。

〔まがまがしい〕　悪いことが起きそうな気配がある。不吉である。「禍々しい予言」など。

〔いかめしい〕　重々しい。「厳めしい雰囲気」など。なお「厳か」は「おごそか」、「厳しい」は「きびしい」と読む。

□不味い

□生温い

□酷い

□詳らか

□虚しい

〔まずい〕　おいしくない。よくない。「不味い料理」「不味い雰囲気」など。なお、気不味(きまず)いは、打ち解けられなくて気詰まりなさま。

〔なまぬるい〕　中途半端にあたたかいようす。「温い」は「ぬくい」とも読み、「生温かい」は「なまあたたかい」と読む。簡単そうで読み分けが面倒な漢字。

〔ひどい・むごい〕　「ひどい」は程度が悪い方向に甚だしいという意で、さまざまに使われる語。「非道い」という書き方もある。「むごい」は残酷で無慈悲なさま。

〔つまびらか〕　こと細かな様子。「状況を詳らかにする」など。「詳しい」は「くわしい」。

〔むなしい〕　中身がなくてからっぽ。「心中、虚しい思いをする」など。なお、「空しい」と書くと、効果がないという意味→「空しい結果」など。

□虚ろな
□猛々しい
□可笑しい
□喧しい
□侘しい
□忙しない

〔うつろな〕　気が抜けてぼんやりしているさま。「虚ろな目付き」など。一方、「空ろ」と書くと、空っぽという意味。という具合に、「虚」「空」は同じように読み、厳密な使い分けは難しい漢字。
〔たけだけしい〕　いかにも強そうである。図々しい。ずぶとい。「盗人猛々しい」「猛々しい物言い」など。
〔おかしい〕　面白い。滑稽である。
〔かまびすしい〕　にぎやかで、うるさいさま。「やかましい」とも読む。
〔わびしい〕　心に穴が空いたようにもの悲しい。「侘しい暮らし」など。
〔せわしない〕　いそがしい。きぜわしい。「忙しない暮らし」など。

●手応えのある形容詞です。読んでください。

□潔い　思いきりがよい。潔（きよし）という名があるように「きよい」とも読む。〔いさぎよい〕

□心地好い　気持ちがいい。〔ここちよい〕

□思慮深い　物事をよく考えていること。〔しりょぶかい〕

□儚い　あっけなく空しい。「儚い夢」など。〔はかない〕

□世知辛い　暮らしにくい。「世知辛い世の中」など。〔せちがらい〕

□逞しい　がっしりして力強いさま。「逞しい体つき」など。〔たくましい〕

□慎ましい　ひかえめである。「慎ましい性格」など。〔つつましい〕

□胡散くさい　どことなく疑わしい。「胡散くさい話」など。〔うさんくさい〕

□幾何もない　間がない。「余命幾何もない」など。〔いくばくもない〕

□如何わしい　信用できないさま。「如何わしい人物」など。〔いかがわしい〕

□歯痒い　もどかしくてじれったい。「歯痒く感じる」など。〔はがゆい〕

●状況や程度を表す漢字です。読んでください。

□**早速**　すぐに。「早速ですが」など。〔さっそく〕
□**一寸**　ほんの少し。「一寸先は闇」ということわざでは「いっすん」と読む。〔ちょっと〕
□**即ち**　即座に。「いいかえれば」という意もある。〔すなわち〕
□**一切**　打ち消しを伴って「まったく〜ない」。「一切おかまい無し」など。〔いっさい〕
□**全て**　残らず全部。「総て」「凡て」とも書く。〔すべて〕
□**先ず**　いちばんはじめ。〔まず〕
□**切に**　心から。「切に願う」など。〔せつに〕
□**挙って**　残らず全部。「挙って賛成する」「諸人(もろびと)挙りて」など。〔こぞって〕
□**甚だ**　ひじょうに。「甚だ心外」「甚だ以って」など。〔はなはだ〕
□**半ば**　半分くらい。「思い半ば」「半ば諦める」など。〔なかば〕
□**具に**　こと細かく。「具に調べる」など。〔つぶさに〕
□**如実に**　ありのままに。「実力差を如実に感じる」など。〔にょじつに〕

□夥しい　ひじょうに多いこと。「夥しい出血」など。〔おびただしい〕

□更に　つけくわえて。〔さらに〕

□概して　おおよそ。だいたいのところ。概ね。〔がいして〕

□生憎　都合悪く。間が悪いという意の「あやにく」が転じた語。〔あいにく〕

□既に　とっくに。〔すでに〕

□直ちに　すぐに。「直に」は「じきに」と読む。〔ただちに〕

□金輪際　絶対に。もとは仏教用語で、大地の底の底のこと。〔こんりんざい〕

□益々　前にまして。よりいっそう。「益々のご発展」など。〔ますます〕

□宜しく　うまい具合に。ほどよく。「宜しくお願いします」など。〔よろしく〕

□僅かに　ほんの少し。〔わずかに〕

□凡そ　だいたい。「大凡」は「おおよそ」。〔およそ〕

□頻りに　何度も。しばしば。「頻りに尋ねる」など。〔しきりに〕

□些か　少し。「些かの自信がある」など。〔いささか〕

□且つ　二つの行為や事柄が、同時に行われていることを表す語。〔かつ〕

□**尚更**　以前より物事の程度が進むさま。「尚更のこと」など。〔なおさら〕

□**屢々**　頻繁に。「屢」一字でも「しばしば」と読む。〔しばしば〕

□**敢えて**　無理に。「敢えて勝負に出る」など。〔あえて〕

□**漸次**　だんだんと。「漸次激しさを増す」など。〔ぜんじ〕

□**奇しくも**　不思議なことに。×「きしくも」。〔くしくも〕

□**何気なく**　これといった意図もなく。〔なにげなく〕

第14章　手強い動詞をスラスラ読めてこそ一人前です

日本人は、大和言葉の動詞に、意味の近い漢字を当てて、多数の漢字表記を生みだしてきました。そうした動詞漢字には、送り仮名しだいで読み方が変わる言葉が含まれています。たとえば、「集まる」と「集る」では、読み方が違います。その一方、「滑る」のように同じように書いて、二通りの読み方をする動詞もあります。

よく使う言葉のわりに、手ごわい動詞漢字を読みこなしてください。

1 ズバリ読みたい動詞の漢字――初級レベル

●まずは、小手試しに小学校で習う語を中心に簡単な「動詞」から。スラスラ読んでください。

□営む

〔いとなむ〕　怠らずに努める。経営する。神事・仏事を行うという意味も。「会社を営む」「法要を営む」など。

□説く

〔とく〕　話してわからせようとすること。「人の道を説く」。「こんこんと説く」など。

□培う

〔つちかう〕　育てあげる。土養う(根に土をかけ、植物を育てること)に由来。「信頼関係を培う」など。

□滞る
□和らぐ
□利く
□省く
□漏れる
□滑る

〔とどこおる〕　物事が順調に進まず、停滞する。「支払いが滞る」「車の流れが滞る」など。

〔やわらぐ〕　穏やかになること。「寒さが和らぐ」「表情が和らぐ」など。「和む」は「なごむ」と読む。

〔きく〕　しっかりとした働きをする。「目端が利く」「融通が利く」「機転が利く」など。なお「利い」で「するどい」と読む。

〔はぶく〕　不要のものとして省略する。「手間を省く」「無駄を省く」など。「省みる」は「かえりみる」と読む。

〔もれる〕　すきまからこぼれ落ちる。「情報が漏れる」「笑みが漏れる」など。

〔すべる〕　なめらかに動くこと。近年は、お笑い業界の影響で「話がうけない」という意味にも使われ、「滑らない話」など。「ぬめる」とも読む。「滑らか」は「なめらか」と読む。

□退く

□隔てる

□紛れる

□揚げる

□競る

□陥れる

〔しりぞく〕 後ろへ下がること。「ひく」「のく」とも読む。「前線から退く」「公職から退く」など。

〔へだてる〕 間に何かを置いてさえぎる。「時が二人を隔てる」など。

〔まぎれる〕 ほかのものと混じって、見分けがつかなくなる。「気が紛れる」「どさくさに紛れる」など。「紛い物」は「まがいもの」と読む。

〔あげる〕 高くあげること。「旗を揚げる」「幟(のぼり)を揚げる」など。「天ぷらを揚げる」も、この漢字を使う↓「揚げ物」。

〔せる〕 相手に勝とうと競い合うこと。「競り」は、市場での価格の決め方を指す「セリ」。「競う」は「きそう」と読む。

〔おとしいれる〕 騙して悪い立場に追いやる。「罠に陥れる」「罪に陥れる」など。「陥る」は「おちいる」と読む。

□厭きる
□矯める
□諦める
□充てる
□就く

〔あきる〕　嫌になる。「飽きる」「倦きる」とも書く。「厭う」は「いとう」と読む。
〔ためる〕　まっすぐなものを曲げて、形を整える。あるいは、曲がっているものを矯正する。「角を矯める」など。
〔あきらめる〕　仕方がないと断念すること。「残念だが諦める」など。
〔あてる〕　割り当てる。「充ちる」と送り仮名を振れば「みちる」。
〔つく〕　地位や役職に身を置く。職業に従事する。「職業に就く」など。

●引き続き、〔初級〕の動詞です。読んでください。

□失せる　消える。「やる気が失せる」など。〔うせる〕

□彩る　色鮮やかに飾ること。「彩り豊かな料理」など。〔いろどる〕

□反る　後ろに曲がること。裏表が逆になること。〔そる・かえる〕

□興ずる　面白がること。「遊びに興ずる」など。〔きょうずる〕

□免れる　災いを受けずにすむ。×「まぬがれる」。〔まぬかれる〕

□叱る　人を厳しく注意すること。〔しかる〕

□伴う　いっしょに連れ立つという意味。「妻を伴う」など。〔ともなう〕

□償う　相手に悪いことをしたとき、埋め合わせをすること。〔つぐなう〕

□廃れる　はやらなくなること。「廃れた風習」「廃れた町」など。〔すたれる〕

□臨む　目の前で向かい合うこと。「決戦の場に臨む」など。〔のぞむ〕

□貶める　蔑(さげす)む。見下す。「自らを貶める」など。〔おとしめる〕

□究める　本質にたどり着く。「その道を究める」など。〔きわめる〕

□舐める　舌先でなでたり、味わうこと。「嘗める」とも書く。〔なめる〕

2 できる大人は当然使える動詞の漢字――中級レベル①

●ちょっと手応えのある動詞を集めてみました。

□質す

□均す

□滴る

〔ただす〕　質問すること。「見解を質す」など。「正す」(正しい方向に修正する)、「糺す」(相手を責めるニュアンスが含まれる)と意味を混同しないように。

〔ならす〕　等しくする。平らにする。「一人当たりに均す」「グラウンドを均す」など。「均しい」は「ひとしい」と読む。

〔したたる〕　水などの液体が落ちる。「水も滴る」「肉汁が滴る」など。「滴」一字の訓読みは「しずく」。

□唆す

□設える

□傾げる

□佇む

□緩む

□煽る

〔そそのかす〕　相手をその気にさせ、悪いほうへ導く。「人を唆す」など。「起業を唆す」など、ポジティブな方向に使うのは間違い。

〔しつらえる〕　美しくととのえること。「茶室の設え」「和風に設える」など。「調(ととの)える」と混同しないように。「設ける」は「もうける」と読む。

〔かしげる〕　横に曲げること。「首を傾げる」など。「傾ける」は「かたむける」と読む。

〔たたずむ〕　しばらくの間、立ちつくすこと。「しばし佇む」など。「佇まい」は、立ち姿から、その人の持つ雰囲気という意味で使われる。

〔ゆるむ〕　しめつけている力が弱くなること。「冷え込みが緩む」「規律が緩む」「財布の紐を緩める」など。

〔あおる〕　人の心などをはげしくさせること。「火を煽る」「消費意欲を煽る」など。「煽てる」は「おだてる」と読む。

□絞る
□絡む
□戒める
□蘇る
□抉る
□炙る
□弛める

〔しぼる〕　中身を絞り出す。「知恵を絞る」「手拭いを絞る」など。「絞める」は「しめる」と読む。
〔からむ〕　まとわりつく。「乙に絡む」「絡み酒」など。「絡がる」は「からがる」と読む。
〔いましめる〕　慎ませる、禁じる。「戒めとする」は、「自分への戒めとする」など、「自戒」の意味で使う。
〔よみがえる〕　失っていた状態のものが元にもどること。「若さが蘇る」など。同じ意味で「甦る」とも書く。
〔えぐる〕　刃物などで、くり抜くこと。「核心を抉る」「世相を抉りとる」など。
〔あぶる〕　火に当てて焼くこと。「炭火で炙る」「炙り焼き」など。「人口に膾炙する」の「炙」。
〔ゆるめる〕　しめつけていたものをゆるくする。「手綱を弛める」

□凌ぐ

□匿う

□嵩む

□醸す

□覆す

「綱紀を弛める」など。「弛む」は「ゆるむ」とも「たるむ」と読む。

〔しのぐ〕　程度や力などが基準や相手を超えること。「前回を凌ぐ勢い」「猛攻を凌ぎきる」など。

〔かくまう〕　人目につかないように隠す。「逃亡者を匿う」「犯人を匿う」など。「匿れる」は「かくれる」と読む。

〔かさむ〕　金額や数量がふくらむ。「出費（経費、コスト）が嵩む」など。

〔かもす〕　発酵させる。その場の雰囲気を生み出す。なお「物議を醸す」は慣用句なので、形を変えることはできず、「物議を醸し出す」は間違いになる。「雰囲気を醸し出す」は○。

〔くつがえす〕　ひっくり返す。「証言を覆す」「体制を覆す」など。「覆う」は「おおう」と読む。

3 できる大人は当然使える動詞の漢字――中級レベル②

●引き続き、手応えのある動詞です。読んでください。

□被る

□窺う

□晒す

〔こうむる〕　被害などを身に受ける。「痛手を被る」など。「被害を被る」は重複表現になるので×。「かぶる」とも読むので、文章の流れで読み分けたい。

〔うかがう〕　ひそかに覗き見る。様子を探る。「状況を窺う」「顔色を窺う」など。「伺う」（聞く、訪ねるなどの意の謙譲語）と混同して、「顔色を伺う」などと書かないように。

〔さらす〕　人目にふれるようにする。日光や風雨に当たるままにする。「曝（さら）す」も同じ意味。「恥を晒す」「天日に晒す」など。

□辿る

□尖る

□弁える

□潰える

□綴る

□囚われる

〔たどる〕　手掛かりを探しながら、進む。「記憶を辿る」「山道を辿る」など。

〔とがる〕　先端が細く鋭くなっている。「神経が尖る」「口が尖る」など。「尖い」は「するどい」と読む→尖閣諸島の「尖」はこの意味。

〔わきまえる〕　分別があること。「身分をよく弁える」「立場を弁える」など。

〔ついえる〕　計画や希望などがだめになる。「優勝へのかすかな希望が潰える」など。「潰れる」は「つぶれる」と読む。

〔つづる〕　文章を作る。「詩を綴る」「綴り方」など。「綴じる」は「とじる」と読む→「割れ鍋に綴じ蓋」。

〔とらわれる〕　拘束される。ある感情に支配され、判断力を失う。「囚われの身となる」「先入観に囚われる」など。

□睨む
□覗く
□腫れる
□翻る
□賄う
□孕む

〔にらむ〕　鋭い目つきで見る。計算に入れるという意もあり、「次の選挙を睨んだ発言」など。
〔のぞく〕　隙間などから、向こう側を見る。こっそり見る。「プライバシーを覗く」「才能の一端を覗かせる」など。「覗う」は「うかがう」と読む。
〔はれる〕　（炎症などで）体の一部がふくれる。「惚れた腫れた」など。「腫」一字では「はれもの」と読む。
〔ひるがえる〕　裏返しになる。言動や態度が急に変わる。「態度を翻す」など。
〔まかなう〕　限られた範囲内で処理をする。「予算内で賄う」など。また、「賄い食」など、食事をととのえるという意味もある。
〔はらむ〕　みごもること。「危険を孕む」「不安を孕む」など。

●引き続き、中級レベルの動詞。読んでください。

□適う　望んだとおりになること。「願いが適う」など。〔かなう〕

□慮る　思いを深くめぐらすこと。「相手の事情を慮る」など。〔おもんぱかる〕

□這う　腹ばいになって進むこと。「地を這う」など。〔はう〕

□耽る　一つのことに心を奪われる状態。「読書に耽る」など。〔ふける〕

□諭す　教え、言い聞かせること。「教諭」の「諭」。〔さとす〕

□欺く　人をだます。「雪を欺く」など。〔あざむく〕

□俯く　頭を垂れ、下を向く。「俯瞰」の「俯」。〔うつむく〕

□貢ぐ　金や物を与え、生活の面倒をみる。〔みつぐ〕

□貪る　満足することなく欲しがる。「暴利を貪る」など。〔むさぼる〕

□蝕む　虫が食う、病気などでおかされるという意も。〔むしばむ〕

□弄ぶ　あれこれいじる。意のままに操る。〔もてあそぶ〕

□則る　従う。「法律に則る」「先例に則る」など〔のっとる〕

4 読めれば自慢できる動詞の漢字――ハイレベル

●いよいよ、動詞も上級編。相当、手強いですゾ！

□剥く
〔むく〕　表面のものを取り除くこと。「果物の皮を剥く」「一皮剥けば」など。「剥ぐ」は「はぐ」と読む→「頭の皮を剥ぐ」。

□与する
〔くみする〕　仲間になる。「力ある者に与する」など。「与える」はもちろん「あたえる」と読む。

□閃く
〔ひらめく〕　一瞬、光ること。「アイデアが閃く」など。

□瞑る
〔つぶる〕　目を閉じること。「瞑目」「瞑想」のメイ。

□勤しむ
〔いそしむ〕　精を出す。「仕事に勤しむ」「日夜勤しむ」など。「勤

□過る

□漁る

□託ける

□煌めく

□契る

□額ずく

める」はむろん「つとめる」と読む。

〔よぎる〕　横切る。頭のすみに浮かぶ。「影が過る」「不安が過る」など。「過ぎる」は「すぎる」、「過つ」は「あやまつ」と読む。

〔あさる〕　探し求める。「古本を漁る」「ごみ箱を漁る」など。「すなどる」とも読み、これは「漁をする」という意味。

〔かこつける〕　他のことを口実にする。「用事に託けて街に出かける」など。「託す」は音読みにして「たくす」と読む。

〔きらめく〕　光輝く。「星が煌めく」「煌めくばかりの才能」など。「煌く」は「かがやく」と読む。

〔ちぎる〕　固く約束をかわす。男女が肉体関係を持つことにも使う。「固い契り」「一夜の契りを交わす」など。

〔ぬかずく〕　地面にひたいをつけてお辞儀する。「仏の前に額ずく」など。「額」一字の訓読みは「ひたい」。

□**漲る**

□**肯んずる**

□**漱ぐ**

□**憑かれる**

□**糾う**

□**絡げる**

□**褪せる**

〔みなぎる〕　あふれるほど、水が満ちている。力や感情などが満ちあふれている。「意欲が漲る」など。

〔がえんずる〕　聞き入れる。承諾する。「肯んじない」と、否定形で使うことが多い。

〔すすぐ〕　水などで口の中を洗う。「夏目漱石」の「漱」。「漱」一字の訓読みは「うがい」。

〔つかれる〕　悪霊など、禍々しいものに乗り移られる。「狐に憑かれる」など。

〔あざなう〕　縄をなう。撚(よ)り合わせる。「禍福は糾える縄の如し」など。「糾す」は「ただす」と読む。

〔からげる〕　衣服の一部をまくり上げる。「裾を絡げる」「十把一絡(じっぱひとから)げ」など。

〔あせる〕　色落ちする。盛んだったものが衰える。「色褪せた栄光」など。

□垣間見る

□愚図る

□時化る

□不貞腐れる

□逆上せる

〔かいまみる〕　すきまからのぞき見ること。「実態を垣間見る」など。「カキマミる」が音便変化した言葉。

〔ぐずる〕　ぐずぐずいうこと。「赤ん坊が愚図る」など。「愚図」は、動作が遅く、決断力がない人のこと。

〔しける〕　海が荒れること。なんとなくパッとしないという意味にも使う→「時化た顔つき」。

〔ふてくされる〕　不平不満をかかえ、なげやりな態度をとる。「叱られて、不貞腐れる」など。

〔のぼせる〕　頭に血がのぼること。「逆上する」と書けば、「ぎゃくじょうする」と読む。

●ハイレベルの動詞です。読んでください。

□**湛える**　いっぱいになる。「満面に笑みを湛える」など。〔たたえる〕
□**薙ぐ**　払い倒す。「草花が薙ぎ倒される」など。〔なぐ〕
□**衒う**　学識や才能をひけらかす。「奇を衒う」など。〔てらう〕
□**妊る**　妊娠する。「子供を妊る」など。〔みごもる〕
□**誂える**　注文してこしらえる。「背広を誂える」「お誂え向き」など。〔あつらえる〕
□**希う**　強く願う。「希うところです」など。「希」一字は「まれ」。〔こいねがう〕
□**僻む**　ひねくれて考えること。「僻み根性」など。〔ひがむ〕
□**悴む**　手足が冷たくなり、思うように動かなくなる。〔かじかむ〕
□**滾る**　水などがはげしく煮えあがる。「滾る情熱」など。〔たぎる〕
□**疼く**　ずきずきして痛むこと。「古傷が疼く」「虫歯が疼く」など。〔うずく〕

5 「手偏」「足偏」「口偏」の厄介な動詞

●手偏の厄介な動詞です――読めますか？

□挺する

□撓う

□括る

□拵える

□捗る

〔ていする〕　差し出す。「身を挺する」など。

〔しなう〕　柔らかに曲がる。「竹が撓う」（これが「竹刀」の語源とも）。

〔くくる〕　一つにまとめる。「腹を括る」「高を括る」など。

〔こしらえる〕　物をつくる。「食事を拵える」「仕事を拵える」など。

〔はかどる〕　物事が順調にすすむ。「作業が捗る」「工事が捗る」など。この「捗」の右の部分は「歩」ではなく、点がひとつ少ないので、手書きのときには注意のほど。

□摑む
〔つかむ〕 手でしっかり持つ。「腕を摑む」「急所を摑む」「コツを摑む」など。

□撫でる
〔なでる〕 手でやさしくさすること。「撫子」は植物のナデシコ。

□挫く
〔くじく〕 足を捻挫する。勢いをおさえる。「弱きを助け、強きを挫く」など。

●足偏の厄介な動詞です——読めますか？

□跪く
〔ひざまずく〕 両膝を床につけてかがみ、敬意や屈服を表す。「膝まずく」と書くのは誤り。

□跨ぐ
〔またぐ〕 両足を開き、何かの上を越える。「線路を跨ぐ」「国境を跨ぐ」など。

□躓く　〔つまずく〕　書き方の多い言葉で、「跌く」「蹶く」「蹉く」とも書く。

□躊う　〔ためらう〕　迷うこと。躊躇すること。「躊躇う」とも書く。

●口偏の厄介な動詞です——読めますか？

□喚く　〔わめく〕　大声でさわぎたてること。「喚ぶ」は「よぶ」と読む。

□囁く　〔ささやく〕　ひそひそ話す。「耳元で囁く」「噂を囁く」など。

□呻く　〔うめく〕　感嘆したり、苦しさのあまり声を出すこと。「呻吟する」の「呻」。

□唸る　〔うなる〕　低い声を長く出すこと。「エンジンが唸る」「(金銭など) 唸るほどある」など。

6 読み方は同じでも意味はずいぶんと違います①

●いろいろな「みる」です。意味の違いをイメージできますか？

□見る——最も一般的に使われている「みる」。
□視る——注意して、よくみる。視察するというニュアンスを含む場合もある。
□診る——患者をみる。判断するというニュアンスを含む↓「診断」。
□看る——これも、患者をみるだが、看護するという意味合いを含む↓「看護」。
□覧る——全体に目を通すという意味を含む↓「総覧する」「便覧」。
□監る——監督するという意味を含む↓「監察」「監視」。
□観る——映画や舞台などを観賞する場合に使う。
□察る——すみずみまで観察するというニュアンスを含む。

□**眄る**——流し目でみる。

●いろいろな「うたう」です。適切に使いこなせますか？

□**歌う**——「うたう」こと一般に用いられる。独唱でも合唱でもオールマイティ。

□**謳う**——もとは合唱する意に使う書き方だが、いまは「理想を謳う」のように、「高らかに言う」という意味でよく用いられている。

□**唄う**——小唄や演歌など、〝和風〟の歌をうたうときに、よく用いられる。

□**唱う**——大声をあげてうたうというニュアンスを含む。

□**吟う**——小声でうたう。

●いろいろな「きる」です。意味の違いをイメージできますか？

□**切る**——「きる」こと、全般に用いられている。

□**伐る**——きりたおすというニュアンスを含む。樹木を伐る→「伐採」。

□**斬る**——刀で、きる。「切り込み」と書くと、単に切れ目を入れることだが、「斬り込み」と書くと、侍が斬り込むという意に。「世相を斬る」にも、この字がよく似合う。

□**剪る**――そろえてきるという意。「枝を剪る」など、園芸関係でよく使われる→「剪定」。

□**裁る**――衣服をきる場合に使われる→「裁断」。

●**「はかる」は、漢字による書き方が最も多い動詞。漢和辞典には、30例近くも載っていますが、ここでは7つの代表例を。もっともぴったりくる書き方を選べますか？**

□**計る**――最も一般的に用いられている「はかる」のオールマイティ。

□**測る**――長さをはかる。「身長を測る」。

□**量る**――重さをはかる。「体重を量る」。

□**忖る**――人の心のうちをおしはかる→「忖度する」。

□**図る**――計画する→「企図する」。

□**謀る**――人と相談し、計画する→「謀議」「謀り事」。

□**諮る**——他の人の意見を聞く。「会議に諮る」↓「諮問する」。

●「ただす」も、いろいろな書き方をする動詞。漢和辞典には、15例以上が載っていますが、ここでは代表的な4例を。意味の違いをイメージできますか？

□**糾す**——きびしく問いただす↓「糾問」「糾弾」。

□**正す**——曲がっているものをまっすぐにただすというニュアンス。

□**直す**——これも、まっすぐになおすこと。

□**訂す**——文字や文章の誤りを直すという意味↓「校訂」「訂正」。

●いろいろな「あやまる」です。〝あやまり〟にならないように書き方を選べますか？

□**誤る**——普通はこの字を使う。

□**過る**——故意ではないミスには、この字が似合う↓「過失」。なお「過ち」は「あやまち」と読む。

□**錯る**——食い違うことによって、あやまりが生じるというニュアンス。

□謝る――これは、意味の違う「あやまる」。あやまちを認め、頭を下げること。

●いろいろな「したがう」です。ふさわしい書き方を選べますか？

□従う――最も一般的に使われている「したがう」。

□順う――道理に逆らわないという意味。「道理に順う」など。

□随う――人につき従うというニュアンスを含む。「主君に随う」など。

□遵う――尊んで、したがう。「法に遵う」→「遵法」「遵守」など。

●いろいろな「よろこぶ」です。意味の違いをイメージできますか？

□歓ぶ――にぎやかによろこぶ。「歓びの声」には、この書き方がふさわしい。

□慶ぶ――（慶事などを）めでたいとよろこぶ。「古希を迎えたことを慶ぶ」など。

□悦ぶ――心のつかえがなくなるというニュアンス。「性の悦び」はこの字を使うことが多い。

□欣ぶ――息をはずませてよろこぶ→欣喜雀躍。

7 読み方は同じでも意味はずいぶんと違います②

●いろいろな「おそれる」です。適切な書き方を選べますか?

□怖れる——おじけづくというニュアンスを含む。

□畏れる——おそれおおいと敬う。「神を畏れる」は、この字がふさわしい。

□惧れる——危ぶむという意味合いを含む。「将来を惧れる」など。

□怕れる——心配するというニュアンスを含む。

●いろいろな「いたむ」です。意味の違いをイメージできますか?

□悼む——人の死をいたむ。「友人の死を悼む」。

□**悵む**――望みを失い、嘆くという意。

□**悽む**――物悲しく思うというニュアンスを含む。

□**傷む**――心が破れるように激しく悲しむ。

□**痛む**――普通は「腰が痛む」など、心ではなく、体の痛みについて使うが、「胸が痛む」といえば、同情したり、後悔して胸が苦しいさま。

●いろいろな「いかる」です。意味の違いをイメージできますか？

□**怒る**――最も一般的に使われる「いかる」。

□**嚇る**――どなりつけて怒る。

□**瞋る**――目をむいて怒るというニュアンスを含む。「目を瞋(いか)らせる」はこの字を使う。

□**忿る**――激しく怒るという意味を含む。

第15章　サラッと読めれば自慢できるハイレベルの漢字です

いよいよ熟語も上級編。このあたりを読みこなせれば、押しも押されもせぬ「できる大人」です！

1 声に出して堂々と読めますか①

●自信をもって堂々と読めるようにしておきましょう

□惹起

〔じゃっき〕　事件などを引き起こすこと。「国境紛争を惹起する」など。「惹く」で「ひく」と読む。

□収斂

〔しゅうれん〕　一つにまとまって収束するという意味。「物事が収斂する」など。「斂」も「収」と同様、「おさめる」という意味がある。

□一瞥

〔いちべつ〕　少しだけ見ること。「一瞥する」「一瞥をくれる」など。

□瑕疵

□箴言

□矜持

□韜晦

□無聊

□鞭撻

□滂沱

〔かし〕　欠点やキズのこと。「法律の瑕疵」など。「瑕」「疵」、訓読みはともに「きず」。

〔しんげん〕　教訓となる言葉。いましめの短句。「箴言集」など。「箴」には「いましめる」という意味がある。

〔きょうじ〕　自分の能力などを誇らしく思うこと。「矜持を保つ」など。

〔とうかい〕　才能や本心を隠すこと。「自己韜晦」など。「韜」にはつつむ、「晦」にはくらますという意味がある。

〔ぶりょう〕　暇なこと。「無聊をかこつ」「無聊を慰める」など。なお「聊か」で「いささか」と読む。

〔べんたつ〕　叱咤激励すること。「ご指導、ご鞭撻ください」など。「撻」には「むちうつ」という意味がある。

〔ぼうだ〕　涙が大量に出るさま。「滂沱の涙」「滂沱として」など。

●引き続き上級の熟語です。読んでください。

□遁世　俗世間とかかわりを断つこと。〔とんせい〕

□逼塞　落ちぶれて引きこもること。〔ひっそく〕

□頤使　人をあごで使う。「頤」はあごのこと。〔いし〕

□投擲　投げる。「投擲競技」など。〔とうてき〕

□泰西　欧米諸国のこと。「泰西名画」など。〔たいせい〕

□真鍮　銅と亜鉛の合金。〔しんちゅう〕

□流謫　遠方に流されること。「流謫の身」など。〔るたく〕

□掣肘を加える　脇から干渉し、人の行動を邪魔すること。〔せいちゅう〕

□恐懼　恐れ、かしこまる。「懼れる」で「おそれる」と読む。〔きょうく〕

□藉口する　言い訳する。「藉りる」で「かりる」と読む。〔しゃこう〕

□乖離　結びつきが離れること。「人心が乖離する」など。〔かいり〕

2 声に出して堂々と読めますか②

●このあたり、さりげなく読みたいですね。

□趨勢

□弾劾

□耽読

□直截

〔すうせい〕　全体の流れ。成り行き。「世の趨勢を見極める」など。「趨く」で「おもむく」と読む。

〔だんがい〕　不正や犯罪を声高に追及すること。「弾劾裁判」「不正を弾劾する」など。

〔たんどく〕　夢中になって書物を読みふける。「推理小説を耽読する」など。「耽る」は「ふける」と読む。

〔ちょくせつ〕　きっぱりしている。「直截な表現」など。「ちょく

□遠流
□穿鑿
□寵児
□奢侈
□静謐
□倨傲

さい」と読む人が多いが、間違った読み方。

〔おんる〕 遠方に流す流罪。律令制時代の流罪のうち、最も重い刑罰で、佐渡、隠岐、土佐などに流すことを指した。

〔せんさく〕 立ち入って調べること。「穿つ」「鑿つ」も、「うがつ」と読む。「詮索」と同様の意味。

〔ちょうじ〕 もとは、かわいがられる子供のこと。「時代の寵児」「文壇の寵児」のように比喩的に使うことが多い。「寵み」で「めぐみ」と読む。

〔しゃし〕 贅沢するという意味。「奢侈に流れる」など。「奢り」も「侈り」も「おごり」と読む。

〔せいひつ〕 静かな様子。世の中が太平な様子。「静謐の世」など。「謐」にも「しずか」という意味がある。

〔きょごう〕 おごりたかぶること。「倨傲な態度」「倨傲な精神」

□闖入

□定款

□咄嗟

□氾濫

□砂嘴

など。「倨り」「傲り」、ともに「おごり」と読む。

〔ちんにゅう〕　無断で入り込むこと。「闖入者」「見知らぬ男が闖入してくる」など。

〔ていかん〕　組織の目的や活動に関する根本的な規則。「会社の定款」「定款変更」など。「款」には「しるす」という意味がある。

〔とっさ〕　一瞬。あっという間。「嗟」には「ああ」という間投詞としての訓読みがある。「咄嗟の判断」「咄嗟の場合」など。

〔はんらん〕　川の水かさが増し、洪水になる。物事が多く出回る。「中国製品が氾濫している」など。「氾がる」は「ひろがる」、「濫れる」は「みだれる」と読む。

〔さし〕　海流によって運ばれた砂が細長く堆積し、鳥の嘴のような形になった地形。日本三景のひとつ、天の橋立はその代表格。

□蝟集
□睥睨
□殲滅
□知悉
□誣告
□不愍に思う
□桎梏

〔いしゅう〕「蝟」一字でハリネズミと読み、その毛のように、物事が寄り集まっていること。

〔へいげい〕にらみつけ、勢いを示す。あるいは、横目で見る。「辺りを睥睨する」など。なお「睥」一字の訓読みは「ながしめ」。

〔せんめつ〕皆殺しにしてほろぼすこと。「殲ぼす」で「ほろぼす」と読み、「皆殺しにする」という意味。「敵を殲滅する」など。

〔ちしつ〕詳しく知る。知り尽くしている。「悉く」で「ことごとく」と読み、すべてを知り尽くしているという意味。

〔ぶこく〕人に罪を負わせるため、事実をまげて告げること。

〔ふびん〕哀れむこと。「不憫」とも書く。

〔しっこく〕自由を束縛するという意味。「長年の桎梏となる」など。「桎」は「てかせ」、「梏」は「あしかせ」と訓読みする。

3 声に出して堂々と読めますか③

●いくつ読めましたか？

□旱魃
□剣戟
□浚渫
□招聘

〔かんばつ〕　長い間、雨に恵まれず、水が枯れること。「干ばつ」と書くのが一般的。なお「旱」「魃」も訓読みは「ひでり」。
〔けんげき〕　「剣（つるぎ）」と「戟（ほこ）」などの武器。「剣戟を振るう」など。
〔しゅんせつ〕　海底や河川の土砂を掘ること。「港内を浚渫する」など。「浚う」「渫う」ともに「さらう」と読む。
〔しょうへい〕　礼儀をつくして人を招くこと。「国賓として招聘する」など。

□鼎談
□登攀
□転訛
□截断
□怜悧
□狭窄
□蹲踞

〔ていだん〕　三人で話をすること。「鼎」は食べ物を煮る三本足の容器。
〔とうはん〕　高い山に登ること。「最高峰に登攀する」など。「攀」には「よじのぼる」という意味がある。
〔てんか〕　言葉の本来の音がなまって変化すること。「訛る」で「なまる」と読む。
〔せつだん〕　物を断ち切る。「裁断」と見間違えないように。「截る」は「きる」、「截つ」は「たつ」と読む。
〔れいり〕　頭の働きがすぐれていること。「怜悧な頭脳」など。「怜い」で「さとい」と読む。
〔きょうさく〕　狭くすぼまっていること。「視野狭窄」など。「窄まる」で「すぼまる」と読む。
〔そんきょ〕　しゃがむこと。「蹲踞の姿勢」は、相撲の力士が深く

□容貌魁偉
□驀進
□紊乱
□劈頭
□俗諺
□嚆矢

腰を下ろした姿勢。「蹲る」も「踞る」も、「うずくまる」と読む。
〔ようぼうかいい〕　顔や体つきが人並み外れて大きく、立派なさま。本来は「恐い顔」というニュアンスは含んでいない。
〔ばくしん〕　まっしぐらに進む。「驀地」で「まっしぐら」と読む。「出世街道を驀進する」など。
〔びんらん〕　風紀や秩序が乱れること。「風紀が紊乱する」など。「紊」にも「みだれる」という意味がある。
〔へきとう〕　物事の始まり。「開戦劈頭の大勝利」など。「劈」には、始まりという意味がある。
〔ぞくげん〕　俗世間に流布している「ことわざ」。「諺」一字で「ことわざ」と読む。
〔こうし〕　物事の初め。「嚆矢となる」など。もとは、鏑矢のことで、古代中国では、合戦の初めに鏑矢を射たことから、「始まり」

□壟断

□懺悔

□稀覯本

□逍遙

□頌歌

という意味が生じた。

〔ろうだん〕　利益や権利を独り占めにすること。「壟」は丘のことで、ある者が丘の上から市場を見回すことよって、利益を独占したという故事から。

〔ざんげ〕　神父などに罪を告白し、悔い改めること。キリスト教関連でよく使うが、もとは仏教語。「懺いる」も「悔いる」と同様、「くいる」と読む。

〔きこうぼん〕　珍しい本。おおむね、古書として高い値段がつく珍しい本をさす。「覯う」で「あう」と読み、思いがけなく出会うという意味。

〔しょうよう〕　気ままに歩き回ること。散歩。「林を逍遙する」など。

〔しょうか〕　神や人をほめたたえる歌。「頌」には「たたえる」という意味がある。

●引き続き、上級の熟語です。読んでください。

□**長大息**　長くて大きな溜息。「長大息をつく」など。〔ちょうたいそく〕
□**剽窃**　人の文章を盗みとる。「剽かす」で「おびやかす」と読む。〔ひょうせつ〕
□**横溢**　水のみなぎるさま。あふれるほど盛んなさま。「元気横溢」など。〔おういつ〕
□**一掬**　わずかな。「一掬の涙」など。「掬う」は「すくう」と読む。〔いっきく〕
□**邀撃**　迎えうつこと。「邀」には「むかえる」という意味がある。〔ようげき〕
□**梗概**　あらすじのこと。「小説の梗概」など。〔こうがい〕
□**午餐**　昼食のこと。「晩餐」なら夕食、「朝餐」は朝食。〔ごさん〕
□**奸雄**　悪どい英雄。「奸」には、よこしまという意味がある。〔かんゆう〕
□**反駁**　反対し、論じ返すこと。「反駁を加える」など。〔はんばく〕
□**高誼**　親しいまじわりのこと。「ご高誼を賜れば幸いです」など。〔こうぎ〕
□**叩頭**する　頭で地を叩くほど、深々とお辞儀をする。〔こうとう〕

4 声に出して堂々と読めますか④

●自信をもって読んでください。

□欺瞞
□遁辞
□蠢動
□阿諛

〔ぎまん〕　あざむく。だます。「欺瞞に満ちた言葉」など。

〔とんじ〕　言い逃れ、責任逃れの言葉。「遁れる」で「のがれる」と読む。

〔しゅんどう〕　虫などがうごめく。陰でこそこそと動く。「反主流派が蠢動している」など。「蠢く」で「うごめく」と読む。

〔あゆ〕　お世辞。「阿る」は「おもねる」、「諛う」は「へつらう」と読む。

□傀儡

□放恣

□誤謬

□陥穽

□塵埃

□畢生

□譴責

〔かいらい〕　あやつられて動く人などのこと。操り人形。「傀儡政権」など。「くぐつ」とも読む。

〔ほうし〕　気ままでだらしのないこと。「放恣な姿勢」など。「恣」一字で「ほしいまま」と訓読みする。

〔ごびゅう〕　ミスのこと。「誤謬を正す」など。「謬る」で「あやまる」と読む。熟語によく使われる漢字で、「謬見」「謬説」あたりは読みこなしたい。

〔かんせい〕　人を陥れる策略。「陥穽にはまる」など。「穽」の訓読みは「おとしあな」。

〔じんあい〕　俗世間。「塵埃にまみれる」「塵埃を逃れる」など。塵は「ちり」、埃は「ちり」あるいは「ほこり」と訓読みする。

〔ひっせい〕　一生涯のあいだ。「畢生の大作」「畢生の大事業」など。

〔けんせき〕　過失などをとがめ、責めること。「譴める」も「責める」と同様、「せめる」と読む。「譴責を受ける」という受け身の形

□諧謔
□料簡
□泥濘
□佞言
□丑三つ時
□胚胎

でよく使われる。
〔かいぎゃく〕　ユーモア。どちらの文字にも、おどけるという意味がある。「諧謔に満ちた精神」「諧謔溢れる作品」など。
〔りょうけん〕　考え。「料簡が狭い」など。「簡」をケンと読む珍しい例。
〔でいねい〕　ぬかるみのこと。「泥濘に足をとられる」など。「泥濘む」と書くと「ぬかるむ」、「濘る」は「ぬかる」と読む。
〔ねいげん〕　おべっか。「佞言を使う」など。「佞ねる」で「おもねる」と読む。
〔うしみつどき〕　午前二時ごろのこと。「草木も眠る丑三つ時」など。
〔はいたい〕　物事の結果をひきおこす原因。「胚む」も「胎む」も「はらむ」と読み、多くは悪い結果を招く原因をはらんでいたという意味で使われる。

□瀑布

□蘊奥

□湮滅

□若水

〔ばくふ〕　滝のこと。「瀑」には「たき」という訓読みがあり、滝の白い水流が、まるで一枚の布のように見えるところから。

〔うんおう〕　極意のこと。「蘊奥を究める」など。「蘊む」で「(知識などを)つむ」と読む。「奥」は「奥義」「奥州」など、「おう」と読むことがよくある。

〔いんめつ〕　あとかたもなく消し去ること。「証拠湮滅」など。

〔わかみず〕　元日の朝に初めて汲む水。この水を飲んだり、煮炊きに使うと、一年の邪気が除かれるとされてきた。

5 文章の格調を高める熟語

●できる大人におすすめの言葉ぞろいです。読んでください。

□巨星墜つ
□耳朶に残る
□赫々たる
□開闢以来の

〔きょせいおつ〕 偉大な人の死をたとえていう言葉。

〔じだ〕 耳に残ること。「耳朶に触れる」は聞こえること。「朶」には垂れるという意味があり、「耳朶」は本来は耳たぶのこと。

〔かっかくたる〕 業績がすばらしく顕著なさま。「赫々たる戦果」など。「赫」には「かがやく」という意味がある。

〔かいびゃくいらいの〕 物事が始まって以来の。「闢」も「開」と同様、「ひらく」という意味がある。

□曙光

□端倪すべからず

□斯界の

□殷賑

□畢竟

〔しょこう〕　夜明けの光。「曙光がさす」は、前途に明るい兆しが見えてくるという意味。「曙」の訓読みは、かつての横綱の名のとおり、「あけぼの」。

〔たんげい〕　はかり知ることができない。「端」の意味は始まりで「倪」(訓読みは「きわ」)の意味は果て。初めと終わりすらわからないという意味。

〔しかいの〕　その分野の、という意。「斯界の権威」など。「斯」一字で「これ」、「斯の」で「この」と読む。なお、「その」は「其の」と書く。

〔いんしん〕　にぎやかで盛んなさま。「殷賑を極める」など。「殷ん」は「さかん」と読む。

〔ひっきょう〕　結局という意味。「畢わる」は「おわる」と読み、「竟に」は「ついに」と読む。

□裂帛

□寸毫

□卒爾ながら

□陶冶

□謦咳

□麾下

〔れっぱく〕　絹を裂くような鋭い音(声)。鋭い掛け声のたとえに使い、「裂帛の気合」など。「帛」一字で「きぬ」と読む。

〔すんごう〕　ごくわずか。「寸毫もなく」「寸毫も揺るがない」など、打ち消しを伴って用いることが多い。「毫し」で「すこし」と読む。

〔そつじながら〕　突然ですが、失礼ですが。「卒」には「にわかに」という意味がある。

〔とうや〕　人の性格を円満に育てること。「人格を陶冶する」など。「冶る」で「いる」と読む。「冶」と「治」を見間違えないように。

〔けいがい〕　咳払いのこと。「謦咳に接する」は、自分よりも目上の人に会うこと。近くで、その人の咳払いを聞くことから。

〔きか〕　家来や部下のこと。「麾」には指図するという意味がある。その命令系統に入るので、部下という意味になる。「麾下に入る」など。

□烏鷺の争い

□三十一文字

□粗肴

□寛恕

□笑覧

〔うろのあらそい〕　囲碁のこと。「烏」はカラス、「鷺」はサギ。黒い鳥と白い鳥を囲碁の黒白の碁石にたとえた言葉。

〔みそひともじ〕　短歌のこと。五七五七七を全部足すと、三十一文字になるので。なお「和歌」は本来は短歌を含む歌の総称で、長歌や旋頭歌（せどうか）も入る。

〔そこう〕　人に酒の肴をすすめるときの謙譲語。なお「粗餐」は「粗末な食事」→「粗餐を差し上げたいと存じます」など。

〔かんじょ〕　過失をとがめず、寛い（ひろい）心でゆるすこと。「ご寛恕を乞う」など。「恕す」で「ゆるす」と読む。

〔しょうらん〕　ご覧になって笑ってくださいと、へりくだって言う言葉。「ご笑覧いただければ幸いです」など。

■参考文献

「広辞苑」／「岩波漢語辞典」（以上、岩波書店）／「日本語大辞典」／「四字熟語成句辞典」／「類語大辞典」／「暮らしのことば語源辞典」（以上、講談社）／「広辞林」（三省堂）／「成語林」（旺文社）／「類語新辞典」（角川書店）／「言葉に関する問答集総集編」文化庁（大蔵省印刷局）／ほか

本書は、二〇一五年に小社より刊行された『できる大人の漢字2500』を改題し、加筆・修正のうえ、再編集したものです。

青春文庫

できる大人の教養 1秒で読む漢字

2018年10月20日　第1刷
2023年11月1日　第15刷

編　者　話題の達人倶楽部
発行者　小澤源太郎
責任編集　株式会社プライム涌光
発行所　株式会社青春出版社
〒162-0056　東京都新宿区若松町12-1
電話 03-3203-2850（編集部）
03-3207-1916（営業部）
振替番号　00190-7-98602
印刷／大日本印刷
製本／ナショナル製本
ISBN 978-4-413-09706-2

ほんとうのあなたに出逢う ◆ 青春文庫

ヨソでは聞けない話「食べ物」のウラ

解凍魚でも「鮮魚」と名乗れるのはなぜ？ほか、カシコく、楽しく、美味しく食べるための必携本！

㊙情報取材班［編］

(SE-696)

失われた世界史
封印された53の謎

世界を震撼させた「あの事件」はその後…。ジャンヌ・ダルク、曹操の墓、ケネディ暗殺…。読みだすととまらない世界史ミステリー。

歴史の謎研究会［編］

(SE-697)

「おむすび」は神さまとの縁結び!?
暮らしの中にある「宮中ことば」

宮中などで使われていた上品で雅な言葉。じつはその心は今も息づいています。〝雅な表現〟の数々を紹介！

知的生活研究所

(SE-698)

伸び続ける子が育つお母さんの習慣

「将来、メシが食える大人に育てる」ためにお母さんにしかできないこととは？ 10万人が笑い泣いたベストセラー、待望の文庫化！

高濱正伸

(SE-699)

ほんとうのあなたに出逢う　青春文庫

30秒でささる！伝え方のツボ

ビジネスフレームワーク研究所［編］

「質問」を利用しながら、いま話すべき内容を探す方法ほか、これなら一瞬で伝わる！　何年経っても記憶に残る！

（SE-700）

「結果」を出せる人だけがやっている秘密の「集中法」最強の「休息法」

知的生活追跡班［編］

「腹式呼吸」と「逆腹式呼吸」の集中法、メンタルを前向きにするリラックス法……コツをつかめば能力は200％飛躍する！

（SE-701）

決定版 他人の心理が面白いほどわかる本

おもしろ心理学会［編］

「まあ」「えーと」…〝間〟をとる人はかなりのクセもの!?…ほか人間関係をめぐる問題の8割は、これでスッキリ！

（SE-702）

絶滅と進化のサバイバル 生きもののすごい話

おもしろ生物学会［編］

恐竜が隕石で滅びたというのは本当か？ヒトの第三の目の痕跡とは？…ほか、読みだしたら止まらない奇想天外な生命の世界へ。

（SE-703）

ほんとうのあなたに出逢う◆青春文庫

クラシック音楽
一曲も聴いたことのない人のための超「入門書」

〝深み〟のある人生には、いつもクラシックがある。その歴史、アプローチの方法…「全体像」がスッキリわかる本。

中川右介

(SE-704)

肩甲骨リセットで「背中」と「おしり」が面白いほどやせる！

肩甲骨を正しくほぐすと、背中のムダ肉、ブラのはみ肉、でか尻、もう悩まない。表情豊かなバックスタイルに！

長坂靖子

(SE-705)

できる大人の教養 1秒で読む漢字

見ているだけで、知識と語彙力が身につく！ つい試したくなる2500項。

話題の達人倶楽部［編］

(SE-706)

人間の悩み、あの神様はどう答えるか

日本でもおなじみの神様から、ギリシャ神話やインド神話など世界中の神様、総勢50の神様が神話を元にアドバイス。

沖田瑞穂

(SE-707)